导读注释版

彭学杰——编选

默默桃李恩
——名人心中的老师

农村读物出版社
北京

令公桃李满天下，

何用堂前更种花。

——白居易

目录 | 名人心中的老师

每日下午四时课毕，诸师皆散，

顾师一人在后轩，一长方桌，酒一瓶，

花生熏鱼等数小碟，手书一卷，随酌随阅。

诸同学喜自乐在斋进后轩，

围师座，有所请益。师不拒。

果育学校

钱 穆

一

余七岁入私塾，十岁进新式小学，为无锡荡口镇之果育学校。余此书所述，亦自果育学校始。

果育学校由荡口镇华子才先生私人创办。学校分高初两级，各四年。余偕先兄声一[①]先生，奉父命同往考。先兄入高级小学一年级，余入初级小学一年级。其时诸老师教文史者，初不太受人特别重视。因宿学硕儒，延揽尚易。教理化自然科学者，则不易聘。而体操唱歌先生亦甚难得。此皆所为开风气之先者。而果育学校之两位体操唱歌先生，则尤为一校乃及一镇之众望所归。

体操先生为余之同族伯圭先生，乃鸿声里人，游学于上海。后始闻

---

①声一：即钱穆之长兄钱挚（1889—1928），原名恩第，字声一。著名教育家。无锡梅村县第四高小创始人之一。历任该校教务主任、校长，兼教国文、历史、英语、理科等课。

其乃当时之革命党人。一日，揽余手，问余：闻汝能读三国演义，然否。余答然。伯圭师谓：此等书可勿再读。此书一开首即云天下合久必分，分久必合，一治一乱，此乃中国历史走上了错路，故有此态。若如今欧洲英法诸国，合了便不再分，治了便不再乱。我们此后正该学他们。余此后读书，伯圭师此数言常在心中。东西文化孰得孰失，孰优孰劣，此一问题围困住近一百年来之全中国人，余之一生亦被困在此一问题内。而年方十龄，伯圭师即耳提面命，揭示此一问题，如巨雷轰顶，使余全心震撼。从此七十四年来，脑中所疑，心中所计，全属此一问题。余之用心，亦全在此一问题上。余之毕生从事学问，实皆伯圭师此一番话有以启之。

伯圭师随又告余，汝知今天我们的皇帝不是中国人吗。余骤闻，大惊讶，云不知。归，询之先父。先父云，师言是也。今天我们的皇帝是满洲人，我们则是汉人，你看街上店铺有满汉云云字样，即指此。余自幼即抱民族观念，同情革命民主，亦由伯圭师启之。

二

唱歌先生华倩朔师，名振，初字树田，荡口镇人。尤为一校师生共仰之中心，其见重似尤过于伯圭师。

倩朔师曾游学于日本，美风姿，和易近人，喜诙谐，每以东方朔[①]曼倩自拟，故改号倩朔。一日，召同班同学华端庆，告曰：汝每日写自己名字，不觉麻烦吗。今为汝减省笔划，易名立心，立心端始可得庆，汝当记取。一时群相传告。倩朔师好于诙谐中寓训诲，率类此。

师擅书法，亦能绘事，并能吟诗填词。惜余等皆童年未能见其作品而读之。曾编唱歌教科书，由上海商务印书馆出版，其书畅销全国，历

---

①东方朔（前154—前93），本姓张，字曼倩，平原郡厌次县（今山东德州）人。西汉著名词赋家。性格诙谐，言词敏捷，滑稽多智。写有《答客难》《非有先生论》《封泰山》《责和氏璧》等，后人汇为《东方太中集》。

一二十年不衰。书中歌词，皆由师自撰。尤有名者，为其西湖十景歌，全国传诵。而余则尤爱读其秋夜诸歌，歌题虽已忘，然确知其乃咏秋夜者。歌辞浅显，而描写真切，如在目前。民初以来，争务为白话新诗，然多乏诗味。又其白话必慕效西化，亦非真白话。较之倩朔师推陈出新，自抒机轴，异于当时相传之旧诗，而纯不失其为诗之变。果能相互比观，则自见其高下之所在耳。

倩朔师又兼任初级小学第一年之国文课，余亦在班从读。嗣升二年级，师亦随升。一日，出题曰鹬蚌相争①。作文课常在周末星期六土曜日②之下午。星期一月曜日之晨，余初入校门，即见余上星期六所为文已贴教室外墙上，诸同学围观。余文约得四百字，师评云：此故事本在战国时，苏代以此讽喻东方诸国。惟教科书中未言明出处。今该生即能以战国事作比，可谓妙得题旨。又篇末余结语云：若鹬不啄蚌，蚌亦不钳鹬。故罪在鹬，而不在蚌。倩朔师评云：结语尤如老吏断狱③。余因此文遂得升一级上课。倩朔师并奖余《太平天国野史》一部两册，乃当时春冰室主人所撰。余生平爱读史书，竟体自首至尾通读者，此书其首也。

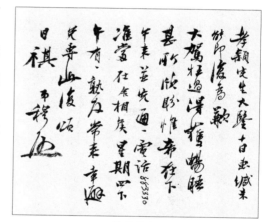

钱穆信札

---

①鹬蚌相争：比喻对立双方争持不下，结果必会两败俱伤。这则寓言出自《战国策·燕策》。

②土曜日：指星期六。中国自古有"七曜"，指"日、月、金、木、水、火、土"七星。1876年日本采用"曜日"表示西方一周七天的概念。即日曜日（星期日）、月曜日（星期一）、火曜日（星期二）、水曜日（星期三）、木曜日（星期四）、金曜日（星期五）、土曜日（星期六）。1905年，中国开始用"星期"作为一周作息日期的计算单位。

③老吏断狱：形容有丰富经验的人，判断是非又快又准。语出李宝嘉《官场现形记》第十五回目："老吏断狱着着争先，捕快查赃头头是道。"狱，案件。

升级后，国文老师改为华山先生。余撰一文，已忘其题，又得续升一级。华山师赏余一书，书名《修学篇》，上海广智书局出版，乃蒋方震百里①译日本人著作。书中网罗西欧英法诸邦不经学校自修苦学而卒为名学者数十人，一一记述其苦学之情况。余自中学毕业后，未入大学，而有志苦学不倦，则受此书之影响为大。余知慕蒋百里其人，亦始此。

三

自余升入高级班，国文老师转为由无锡县城聘来之顾师子重。顾师学通新旧，尤得学生推敬。师又精历史舆地之学，在讲堂上喜讲三国两晋，于桓温王猛②常娓娓道之，使听者想见其为人。师之舆地学兼通中外，时发精辟之论。时上海有童世亨③以地理学大师名，同学谓顾师之地理学尤过之。余中年后，治学喜史地，盖由顾师导其源。

果育学校乃假华氏一祠堂屋，有一大厅，四壁楹柱，皆遍悬联语。右边侧房为乐在斋，诸师长退课皆聚于此。乐在斋北左侧开一门，通大厅之后轩，广长舒适。朝北长窗落地，窗外杂莳花木，有假山，有小池，俨然一小园，幽茜怡人。轩左向南为大厅之左侧房，顾师卧室在焉。校中诸师皆住镇上，独顾师由县城中来，乃宿校中。每日下午四时课毕，诸师皆散，顾师一人在后轩，一长方桌，酒一瓶，花生熏鱼等数小碟，手书一卷，随酌随阅。诸同学喜自乐在斋进后轩，围师座，有所请益。师不拒。

---

①蒋百里（1882—1938），原名蒋方震，字百里。浙江海宁人。民国时期著名军事理论家、军事教育家。1901年东渡日本，成为日本陆军士官学校步科第十三期毕业生，后又留学德国。回国先后任保定陆军军官学校校长及代理陆军大学校长。1937年出版的军事论著集《国防论》中提出了抗日持久战的军事理论。

②桓温王猛：桓温（312—373）和王猛（325—375），均为东晋时期的著名政治家、军事家。

③童世亨（1883—1975），字季通，上海嘉定人。地理学家、实业家，是民间最早提出"开发浦东"的人。1899年入上海南洋公学，后留学日本。编绘《中国形势一览图》《世界形势一览图》等十余种，广销国内。著有《企业回忆录》《中华民国新区域图》《中华民国分道新图》《长江沿岸形胜图》《中国指掌图》《测绘教科书》等。

某日，乃寒假后顾师新到校，桌上一书，大字木刻。诸同学疑是何古籍，就而视之，乃施耐庵之《水浒传》。诸同学问，此系一闲书，何来此大字木刻之像样书品。师言，《水浒传》乃中国一文学巨构，诸生何得以闲书视之。诸同学因言，校中有幼年学生钱某，勤读《水浒传》，每清晨上课前，诸同学每环听其讲述。先生肯命其来前一加询问否。师颔首。同学中两人出外觅余，偕入。顾师问：汝能读《水浒》否。余答能。顾师随问《水浒传》中数事，余皆应对无滞。师言：汝读《水浒》，只看大字，不看小字，故所知仅如此。余闻言大惊，何以先生能知余之隐私。自此返而重读，自首迄尾一字不敢遗。乃知小字皆金圣叹①批语，细读不忍释手。一遍又一遍，全书反覆几六七过，竟体烂熟。此后读其他小说，皆谓远逊，不再读。余自幼喜读小说之积习，自此霍然除去。遂改看翻译本西洋小说。首得《天方夜谭》，次及林琴南②所译，皆自顾师一语发之。余亦自此常入后轩，长侍顾师之左右。

一日，某同学问，钱某近作一文，开首即用呜呼二字，而师倍加称赏，何也。顾师言：汝何善忘，欧阳修《新五代史》诸序论，不皆以呜呼二字开始乎。诸同学因向余揶揄言，汝作文乃能学欧阳修。顾师庄语曰：汝等莫轻作戏谑，此生他日有进，当能学韩愈。余骤闻震撼，自此遂心存韩愈其人。入中学后，一意诵韩集。余之正式知有学问，自顾师此一语始。惜余升高三时，顾师已离校他往，不克多闻其训诲。

时国文老师除顾师外，尚有瞿冯两师，皆年老，曾为校主华家私塾师，皆名宿。瞿师讲《左传》，对书中每一人之家属长幼，及母妻戚族，

①金圣叹（1608—1661），名采，字若采。明亡后改名人瑞，字圣叹，自称泐庵法师。苏州吴县人。著名的文学家、文学批评家。他对传统小说和戏曲的点评，提高了通俗文学的地位。有《唱经堂才子书汇稿》传世。

②林琴南：即林纾（1852—1924），字琴南，号畏庐，别署冷红生，晚称蠡叟、春觉斋主人。福建闽县（今福州市）人。近代著名文学家、翻译家。

随口指名，如数家珍。同学皆惊讶。后余读书多，及顾栋高[①]《春秋大事表》，因知往日瞿师言，乃由此书来。

四

余在果育，尚有一老师终生难忘，乃倩朔师之仲弟紫翔师名龙。倩朔师三兄弟，同居镇上之黄石衖[②]。两弟皆在外，寒暑假始归。紫翔师在苏州某中学教英文。余入高三时，暑假紫翔师返镇，就其宅开一暑期讲习班，专教果育高级班。授中国各体古文，起自《尚书》，下迄晚清曾国藩，经史子集，无所不包。皆取各时代名作，一时代不过数人，每一人只限一篇。全一暑期，约得三十篇上下。犹忆授《史记·孟子荀卿列传》后，令诸生课外作读后一文。余所作深获紫翔师赞赏。下星期一晨，诸生进入华宅，此文已悬贴壁上。然余今已不记在此文中曾作何语。华家太师母及三位师母皆围余备加慰问，抚余肩，拉余手，摸余头，忽在余头发中捉得一虱。此事乃使余羞涩俯首，终生难忘。

是夏暑氛甚炽，紫翔师忽得眼疾，架深蓝色眼镜，在讲堂侧一空室中，连三方桌拼成一长桌，紫翔师一手持一长黄烟管，一手摸此长桌边绕行。逮上课，乃转来讲堂。所讲课文殆半出记诵。余最爱听魏晋南北朝诸小篇，如王粲《登楼赋》，鲍照《芜城赋》，江淹《别赋》，及丘迟《与陈伯之书》等篇。此后余诵古文，不分骈散，尤爱清代如洪亮吉、汪容甫等诸小篇，皆植根于此。紫翔师于韩愈文，独选《伯夷颂》一短篇。余后来精读韩文，于此篇更深有体会，受益匪浅。其后所学有进，乃逐渐领悟到当年紫翔师所授，虽若仅选几篇文章而止，而即就其所选，亦可进窥其所学所志之所在矣。

使余尤难忘者，紫翔师又选授南宋朱子之《大学章句·序》，及明代

①顾栋高（1679—1759），字复初，一字震沧，江苏无锡人。清朝学者。著有《方儒粹语》《毛诗类释》《尚书质疑》等。

②衖：古同"巷"。

王阳明①之《拔本塞源之论》。此后始知《拔本塞源之论》，乃阳明《答顾东桥书》之后幅，入阳明《传习录》中卷。余此后由治文学转入理学，极少存文学与理学之门户分别。治王学乃特从《拔本塞源之论》得有领悟。又其后乃知阳明《拔本塞源之论》，亦从朱子《大学章句·序》转来，则已在余之晚境矣。

紫翔师最后所选授者，为曾涤生之《原才篇》。开首即云：风俗之厚薄奚自乎，自乎一二人之心之所向而已。余至晚年始深知人才原于风俗，而风俗可起于一己之心向。则亦皆是紫翔师在余童年之启迪，有以发之也。

民初余在乡村小学教书，益念及当年紫翔师暑期讲习班所授，几若为中国文学史中所谓古文学一部分示例，较之姚选《古文辞类纂》，曾选《经史百家杂钞》，及《古文四象》等书，皆别辟蹊径，别出心裁，并有超象外得环中之深义。余曾有意模仿，作《中国历代古今文钞》一编，写有篇目。其时紫翔师尚在苏州，余曾有书请益，紫翔师亦曾作复。惜今其稿无存，而紫翔师所指示亦已忘之。

此后余每治一项学问，每喜从其历史演变上着眼，而寻究其渊源宗旨所在，则亦从紫翔师此一暑期讲习班上所获入也。

五

余与先兄同入果育学校，班次本有三年之隔，及余两度蹿等升级，与先兄仅隔一年。清光绪末年，先兄在四年班，余在三年班。是年有常州府中学堂创始，果育四年级同学八名全体报名应考，伯圭师、倩朔师亦命余附随报名，同往应试。归后旬日，得无锡县署②寄来果育录取生名

---

①王阳明：即王守仁（1472—1529），幼名云，字伯安，别号阳明，后人又称王文成公。浙江绍兴府余姚县人。著名的思想家、文学家、哲学家和军事家。他的心学是明代影响最大的哲学思想。有《大学问》《王阳明全集》《传习录》《王文成公全书》传世。

②县署：古代县级行政单位执行公务的处所。俗称县衙。

单，高四全班八同学皆录取，惟余一人名不预。是夜，余拥被大哭。翌日，学校课毕即返，取架上先兄所购书逐册埋头苦读，志欲倍加勤奋，期有以雪此耻。一书忘其名，皆选现代名家作品，始读及梁启超之文。

又隔旬日，先兄已治行装，明晨将偕七同学结队出发。是夕，过九时，先慈与两弟皆已睡，先兄与余亦正离书室将去卧房，忽闻叩门声甚急，启视，乃伯圭师。入门，抚余首曰：汝亦录取，今晚始得县署补告。嘱先兄，今夜即速为汝弟整理衣物，明晨可随众行。至床上枕被铺盖，我已代为筹措，明晨当径送船上，勿再操心。盖伯圭师知余家贫，仓促间不易办此一大事也。

翌晨，上船，校主华子才老先生由县城中特派其一碾米厂总管华叔勤先生来镇督队同行，已先在。余此晨大兴奋，特在船上畅述新读一名学书，详论演绎归纳法。并言，凡人皆有死。因指诸同学，汝曹皆是人，皆当有死。此乃西洋名学家言，汝曹何辞以答。叔勤先生在旁聆听，大为激赏。谓汝年幼，已能谈西洋思想，他年必可有大前途，慎自勉之。后余毕业中学，重返果育旧校教书，叔勤先生特自城送其两子来从学，亦事隔六七年之久矣。

余等到县城，住校主碾米厂中，晚饭晨餐，皆余十三岁来有生未尝之珍品也。时沪宁铁路火车初通，余等九人中，惟两人获许乘火车先往，余七人仍坐船，由叔勤先生督队行。

六

以上是为余在果育小学四年之经过。回忆在七十年前，离县城四十里外小市镇上之一小学校中，能网罗如许良师，皆于旧学有深厚基础，于新学能接受融会。此诚一历史文化行将转变之大时代，惜乎后起者未能趁此机运，善为倡导，虽亦掀翻天地，震动一世，而卒未得大道之所当归。祸乱相寻，人才日趋凋零，今欲在一乡村再求如此一学校，恐渺茫不可复得矣。近人必谓，现代中国社会人文，自知西化，已日渐进步。

如上举，岂亦足为社会人文进步之一例乎。恐此七十年来之学术界，亦不能不负其一部分之责任也。言念及此，岂胜怅然。

又荡口虽系远离县城四十里外一小镇，其时居民之生活水准知识程度亦不低。然其对果育诸师长皆备加敬礼。不仅有子弟在学校之家庭为然，即全镇人莫不然。因其时科举初废，学校初兴，旧俗对私塾老师皆知敬礼，今谓新学校尤高过旧私塾，故对诸师敬礼特有加。倩朔师在最后一年，亦赴苏州城一中学兼课，每周往返。当其归舟在镇南端新桥进口，到黄石衖停泊，几驶过全镇。是日下午四五时，镇人沿岸观视，俨如神仙之自天而降。其相重视有如此。国人率谓工商社会必胜过农业社会，然今日农村及僻远小市镇之小学教师姑不论，即在商业都市中，小学教师能遘①此异遇者有几。宜乎位为小学教师者皆自菲薄，不安于位，求去如弗及也。

余六七年后，返果育旧校当教师。余七岁时，家中特自荡口聘往七房桥之私塾开荒老师尚在镇上，每于学校旁一小桥上遇之，余对之行礼，此老师必侧面躲避如不见。其时，则私塾老师地位已远更落后，大不如新学校中当师长者之出色当行。今日则学校教师又见落伍，世态炎凉，亦岂得作文化进退之尺度乎。

钱穆

先兄声一先生最后迁居黄石衖，即倩朔师住宅之前座。不幸在此逝世。余随先慈留住。时倩朔师远从滇南归来，在南京某学校任教。假期中归荡口，旧时师生又见面。一九三七年，日寇入侵，时倩朔师尚在，犹不忘日语。日本军官中多有能欣赏中国字画诗词者，皆于倩朔师特至敬礼。荡口镇赖获保全，不肆残杀，亦少破坏。镇人称颂倩朔师不止。

---

①遘：遇，遇见，碰上。音 gòu。

作者简介

　　钱穆（1895—1990），字宾四，笔名公沙、梁隐，晚号素书老人、七房桥人。江苏无锡人。著名思想家、历史学家、国学大师。历任北京大学、北平师范大学、西南联大等大学教授。1949年赴香港，创办新亚书院（香港中文大学前身）。1967年迁居台北，任台湾中国文化学院（今台湾中国文化大学）史学教授。

　　著有《中国近三百年学术史》《中国文化史导论》《国史大纲》《中国历代政治得失》《中国历史精神》《中国思想史》《宋明理学概述》《中国学术通义》《中国学术思想史论》《中国文学论丛》《双溪独语》《晚学盲言》《师从杂意》，及《钱宾四先生全集》等。

钱穆故居"素书楼"

编辑缀语

　　作者幼年就读的果育学校，位于无锡荡口镇，是一所辛亥革命前无锡开风气之先的典型的新式学校。学校师资力量极佳，既有深厚旧学根底的宿儒，又有从海外学成归来具有新思想的学人。如文中提到的体操教师钱伯圭，曾就读于上海南洋公学，思想激进，是当时的革命党人。唱歌教师华倩朔"擅书法，亦能绘事，并能吟诗填词"。国文老师顾子重、瞿冯"皆名宿"。尤其顾子重学通新旧，舆地学兼通中外，教学过程中时发精辟之论，开阔了学生们的眼界和心胸。作者中年后，治学喜史地，亦"顾师导其源"。这些老师不仅学问渊博，更是对学生悉心指导，可谓周全备至。尤其在作者考取府中学堂后，钱伯圭老师知其家贫，代为筹措床上枕被铺盖，令人感动。这些童年旧事过去了几十年，作者仍能如数家珍，可见老师们在作者心中的地位和影响。作为一代国学大师，钱穆先生所具有深厚的文史功底和爱国情怀，似乎都能在这些老师身上找到影子。在文末，作者忆及当日社会对教师"备加敬礼"的风气，再至今日教师地位下降、人才凋零，世风如此，不独作者怅然感叹，亦令世人深思。

蔡先生实在代表两种伟大的文化，
一是中国传统圣贤之修养，
一是法兰西革命中标揭自由平等博爱之理想，
此两种伟大文化，具其一已难，兼备尤不可觏。

我所景仰的蔡先生之风格

傅斯年

　　有几位北大同学鼓励我在日本特刊中写一篇蔡先生的小传。我以为能给蔡先生写传，无论为长久或为一时，都是我辈最荣幸的事。不过，我不知我有无此一能力。且目下毫无资料，无从着笔，而特刊又急待付印，所以我今天只能写此一短文。至于编辑传记的资料，是我的志愿，而不是今天便能贡献给读者的。

　　凡认识蔡先生的，总知道蔡先生宽以容众，受教久的，更知道蔡先生的脾气，不特不严责人，并且不滥奖人，不像有一种人的脾气，称扬则上天，贬责则入地。但少人知道，蔡先生有时也很严词责人。我以受师训备僚属有二十五年之长久，颇见到蔡先生生气责人的事。他人的事我不敢说，说和我有关的。

蔡元培

（一）蔡先生到北大的第一年中，有一个同学，长成一副小官僚的面孔，又做些不满人意的事，于是同学某某在西斋（寄宿舍之一）壁上贴了一张"讨伐"的告示，两天之内，满墙上出了无穷的匿名文件，把这个同学骂了个"不亦乐乎"。其中也有我的一件，因为我也极讨厌此人，而我的匿名揭帖①之中，表面上都是替此君抱不平，深的语意，却是挖苦他。为同学们赏识，在其上浓圈密点，批评狼藉。这是一时学校中的大笑话。过了几天，蔡先生在一大会中演说，最后说到此事，大意是说：

诸位在墙壁上攻击□□君的事，是不合做人的道理的。诸君对□君有不满，可以规劝，这是同学的友谊。若以为不可规劝，尽可对学校当局说。这才是正当的办法。至于匿名揭帖，受之者纵有过，也决不易改悔，而施之者则为丧失品性之开端。凡做此事者，以后都要痛改前非，否则这种行动，必是品性沉沦之渐。

这一篇话，在我心中生了一个大摆动。我小时，有一位先生教我"正心"、"诚意"、"不欺暗室"②，虽然《大学》念得滚熟，却与和尚念经一样，毫无知觉；受了此番教训，方才大彻大悟，从此做事，决不匿名，决不推自己责任。大家听蔡先生这一段话之后印象如何我不得知，

蔡元培与北大学子

①揭帖：古代公文的一种，后指张贴的启事、公告等。
②不欺暗室：语出唐骆宾王《萤火赋》："类君子之有道，入暗室而不欺。"指在没有人看见的地方，也不做见不得人的事。

北大的匿名"壁报文学"从此减少，几至绝了迹。

（二）蔡先生第二次游德国时，大约是在民国十三年吧，那时候我也是在柏林。蔡先生到后，我们几个同学自告奋勇照料先生，凡在我的一份中，无事不办了一个稀糟。我自己自然觉得非常惭愧，但蔡先生从无一毫责备。有一次，一个同学给蔡先生一个电报，说是要从来比锡①来看蔡先生。这个同学出名的性情荒谬，一面痛骂，一面要钱，我以为他此行必是来要钱，而蔡先生正是穷得不得了，所以与三四同学主张去电谢绝他，以此意陈告先生。先生沉吟一下说："《论语》上有几句话，'与其进也，不与其退也，唯何甚？人洁己以进，与其洁也，不保其往也。'②你说他无聊，但这样拒人于千里之外，他能改了他的无聊吗？"

于是我又知道读《论语》是要这样读的。

（三）北伐胜利之后，我们的兴致很高。有一天在先生家中吃饭，有几个同学都喝醉了酒，蔡先生喝的更多，不记得如何说起，说到后来我便肆口乱说了。我说："我们国家整好了，不特③要灭了日本小鬼，就是西洋鬼子，也要把他赶出苏黎士运河以西，自北冰洋至南冰洋，除印度、波斯、土尔其以外，都要'郡县之'。"蔡先生听到这里，不耐烦了，说："这除非你作大将。"

此外如此类者尚多，或牵连他人，或言之太长，姑不提。即此三事，已足证先生责人之态度是如何诚恳而严肃的，如何词近而旨远的。

蔡先生之接物，有人以为滥，这全不是事实，是他在一种高深的理想上，与众不同。大凡中国人以及若干人，在法律之应用上，是先假定一个人有罪，除非证明其无罪；西洋近代之法律是先假定一人无罪，除非证明其有罪。蔡先生不特在法律上如此，一切待人接物，无不如此。

---

①来比锡：德国东部城市。现写作"莱比锡"。

②这段话的大意是：鼓励他的进步，而不赞许他的退步，这样有什么过分的呢！人家已经去掉了污点而进步，就要赞许他的洁净，不要再褒贬他的过往。原文见《论语·述而》。

③特：只，仅。

他先假定一个人是善人，除非事实证明其不然。凡有人以一说进，先假定其意诚，其动机善，除非事实证明其相反。如此办法，自然要上当，但这正是孟子所谓"君子可欺以其方，难罔以非其道"①了。

1933年蔡元培与鲁迅、萧伯纳合影

若以为蔡先生能恕而不能严，便是大错了，蔡先生在大事上是丝毫不苟的。有人若做了他以为大不可之事，他虽不说，心中却完全当数。至于临艰危而不惧，有大难而不惑之处，只有古之大宗教家可比，虽然他是不重视宗教的。关于这一类的事，我只举一个远例。

在"五四"前若干时，北京的空气，已为北大师生的作品动荡得很了。北洋政府②很觉得不安，对蔡先生大施压力与恫吓，至于侦探之跟随，是极小的事了。有一天晚上，蔡先生在他当时的一个"谋客"家中谈起此事，还有一个谋客也在。当时蔡先生有此两谋客，专商量如何对付北洋政府的，其中的那个老谋客说了无穷的话，劝蔡先生解陈独秀先生之聘，并要约制胡适之先生一下，其理由无非是要保存机关，保存北方读书人，一类似是而非之谈。蔡先生一直不说一句话。直到他们说了几个钟头以后，蔡先生站起来说："这些事我都不怕，我忍辱至此，皆为

----

①故君子可欺之以方，难罔以非其道：语出《孟子·万章上》。意思是，对正人君子可以用合乎逻辑的方法来欺蒙他，但很难用不合情理的事情来愚弄他。

②北洋政府：指1912—1928由袁世凯等北洋系军人控制的中国中央政府，也是中国历史上首次以和平方式完整继承前朝疆域的同时被国际承认的中央政权。北洋，清末至民国期间指环渤海的山东、河北、辽宁、天津及沿黄海的江苏北部等地区。

学校，但忍辱是有止境的。北京大学一切的事，都在我蔡元培一人身上，与这些人毫不相干。"这话在现在听来或不感觉如何，但试想当年的情景，北京城中，只是些北洋军匪、安福贼徒、袁氏遗孽，具人形之识字者，寥寥可数，蔡先生一人在那里办北大，为国家种下读书爱国革命的种子，是何等大无畏的行事！

蔡先生实在代表两种伟大的文化，一是中国传统圣贤之修养，一是法兰西革命中标揭自由平等博爱之理想，此两种伟大文化，具其一已难，兼备尤不可觏①。先生殁后，此两种文化在中国之气象已亡矣！至于复古之论，欧化之谈，皆皮毛渣滓，不足论也。

作者简介

傅斯年（1896—1950），字孟真，山东聊城人，祖籍江西永丰。著名历史学家、教育家，学术领导人、五四运动学生领袖之一。曾任北京大学代理校长、中央研究院历史语言研究所所长，台湾大学校长。

主要著作有《东北史纲》《中国古代思想与学术十论》《古代中国与民族》《古代文学史》，及《傅孟真先生集》（六册）等。

①觏：遇，遇见。音gòu。

　　蔡元培为改革和发展中国的高等教育事业，作出了重要的贡献，他任北大校长期间"思想自由，兼容并包"的办学原则，更是享誉中外。可以说是蔡先生成就了北大，铸造了北大精神。然而傅斯年并没有鸿篇巨论，而是通过自己与蔡先生亲身交往的两三件小事，为我们展现了素以宽容育人的先生，也有"严词责人"的一面。让我们看到了决不推卸自己责任、不责备他人、爱国等这些闪光的品质如何融入到先生的生活。一个平易近人、温文尔雅却又不畏强权的君子形象，更加深入人心。正如作者所说，"蔡先生实在代表两种伟大的文化，一是中国传统圣贤之修养，一是法兰西革命中标揭自由平等博爱之理想"。先生殁后，有多少人打着先生"兼容并包"的旗号办学，如今的大学，又有几人真正秉承了先生的理念呢？

弘一法师由翩翩公子一变而为留学生，
又变而为教师，三变而为道人，四变而为和尚。
每做一种人，都做得十分像样。
……都是"认真"的原故。

怀李叔同先生

丰子恺

　　距今二十九年前，我十七岁的时候，最初在杭州的浙江省立第一师范学校里见到李叔同先生，即后来的弘一法师。那时我是预科生，他是我们的音乐教师。我们上他的音乐课时，有一种特殊的感觉：严肃。摇过预备铃，我们走向音乐教室，推进门去，先吃一惊：李先生早已端坐在讲台上。以为先生总要迟到而嘴里随便唱着、喊着，或笑着、骂着而推进门去的同学，吃惊更是不小。他们的唱声、喊声、笑声、骂声以门槛为界限而忽然消灭。接着是低着头，红着脸，去端坐在自己的位子里。端坐在自己的位子里偷偷地仰起头来看看，看见李先生的高高的瘦削的上半身穿着整洁的黑布马褂，露出在讲桌上，宽广得可以走马的前额，细长的凤眼，隆正的鼻梁，形成威严的表情。扁平而阔的嘴唇两端常有深涡，显示和爱的表情。这副相貌，用"温而厉"三个字来描写，大概差不多了。讲桌上放着点名簿、讲义，以及他的教课笔记簿、粉笔。钢琴衣解开着，琴盖开着，谱表摆着，琴头上又放着一只时表，闪闪的金光直射到我们的眼中。黑板（是上下两块可以推动的）上早已清楚地写好本课内所应写的东西（两块都写好，上块盖着下块，用下块时把上块推开）。在这样布置的讲台上，李先生端坐着。坐到上课铃响出（后来我们知道他这脾气，上音乐课必早到。故上课铃响时，同学早已到齐），他站起身来，深深地一鞠躬，课就开始了。这样地上课，空气严肃得很。

有一个人上音乐课时不唱歌而看别的书，有一个人上音乐时吐痰在地板上，以为李先生看不见的，其实他都知道。但他不立刻责备，等到下课后，他用很轻而严肃的声音郑重地说："某某等一等出去。"于是这位某某同学只得站着。等到别的同学都出去了，他又用轻而严肃的声音向这某某同学和气地说："下次上课时不要看别的书。"或者："下次痰不要吐在地板上。"说过之后他微微一鞠躬，表示"你出去罢"。出来的人大都脸上发红。又有一次下音乐课，最后出去的人无心把门一拉，碰得太重，发出很大的声音。他走了数十步之后，李先生走出门来，满面和气地叫他转来。等他到了，李先生又叫他进教室来。进了教室，李先生用很轻而严肃的声音向他和气地说："下次走出教室，轻轻地关门。"就对他一鞠躬，送他出门，自己轻轻地把门关了。最不易忘却的，是有一次上弹琴课的时候。我们是师范生，每人都要学弹琴，全校有五六十架风琴及两架钢琴。风琴每室两架，给学生练习用，钢琴一架放在唱歌教室里，一架放在弹琴教室里。上弹琴课时，十数人为一组，环立在琴旁，看李先生范奏。有一次正在范奏的时候，有一个同学放一个屁，没有声音，却是很臭。钢琴及李先生十数同学全部沉浸在亚摩尼亚气体①中。同学大都掩鼻或发出讨厌的声音。李先生眉头一皱，管自弹琴（我想他一定屏息着）。弹到后来，亚摩尼亚气散光了，他的眉头方才舒展。教完以后，下课铃响了。李先生立起来一鞠躬，表示散课。散课以后，同学还

---

①亚摩尼亚气体：即氨气。亚摩尼亚也叫阿摩尼亚，为 ammonia 的音译。

未出门，李先生又郑重地宣告："大家等一等去，还有一句话。"大家又肃立了。李先生又用很轻而严肃的声音和气地说："以后放屁，到门外去，不要放在室内。"接着又一鞠躬，表示叫我们出去。同学都忍着笑，一出门来，大家快跑，跑到远处去大笑一顿。

李先生用这样的态度来教我们音乐，因此我们上音乐课时，觉得比上其他一切课更严肃。同时对于音乐教师李叔同先生，比对其他教师更敬仰。那时的学校，首重的是所谓"英、国、算"，即英文、国文和算学。在别的学校里，这三门功课的教师最有权威；而在我们这师范学校里，音乐教师最有权威，因为他是李叔同先生的原故。

李叔同先生为甚么能有这种权威呢？不仅为了他学问好，不仅为了他音乐好，主要的还是为了他态度认真。李先生一生的最大特点是"认真"。他对于一件事，不做则已，要做就非做得彻底不可。

他出身于富裕之家，他的父亲是天津有名的银行家。他是第五位姨太太所生。他父亲生他时，年已七十二岁。他堕地后就遭父丧，又逢家庭之变，青年时就陪了他的生母南迁上海。在上海南洋公学①读书奉母时，他是一个翩翩公子。当时上海文坛有著名的沪学会②，李先生应沪学会征文，名字屡列第一。从此他就为沪上名人所器重，而交游日广，终以"才子"驰名于当时的上海。所以后来他母亲死了，他赴日本留学的时候，作一首《金缕曲》，词曰："披发佯狂走。莽中原，暮鸦啼彻，几株衰柳。破碎河山谁收拾？零落西风依旧。便惹得离人消瘦。行矣临流重太息，说相思刻骨双红豆。愁黯黯，浓于酒。漾情不断淞波溜。恨年年絮飘萍泊，遮难回首。二十文章惊海内，毕竟空谈何有！听匣底苍龙狂吼。长夜西风眠不得，度群生那惜心肝剖。是祖国，忍孤负？"读

---

①南洋公学：1896年末，由盛宣怀奏请清廷，在上海创建。南洋公学与北洋大学堂是近代史上中国人自己创办的两所著名大学。清末民初，江苏以南的沿海各省，被称为南洋，而以北沿海各省称为北洋。

②沪学会：20世纪初，由李叔同与许幻园、袁希濂等人在上海成立，提倡婚姻自主等新思想，并开办补习班，举行演说会。

这首词，可想见他当时豪气满胸，爱国热情炽盛。他出家时把过去的照片统统送我，我曾在照片中看见过当时在上海的他：丝绒碗帽，正中缀一方白玉，曲襟背心，花缎袍子，后面挂着胖辫子，底下缎带扎脚管，双梁厚底鞋子，头抬得很高，英俊之气，流露于眉目间。真是当时上海一等的翩翩公子。这是最初表示他的特性：凡事认真。他立意要做翩翩公子，就彻底地做一个翩翩公子。

后来他到日本，看见明治维新①的文化，就渴慕西洋文明。他立刻放弃了翩翩公子的态度，改做一个留学生。他入东京美术学校，同时又入音乐学校。这些学校都是模仿西洋的，所教的都是西洋画和西洋音乐。李先生在南洋公学时英文学得很好；到了日本，就买了许多

1911年，李叔同（中）在东京美术学校

西洋文学书。他出家时曾送我一部残缺的原本《莎士比亚全集》，他对我说："这书我从前细读过，有许多笔记在上面，虽然不全，也是纪念物。"由此可想见他在日本时，对于西洋艺术全面进攻，绘画、音乐、文学、戏剧都研究。后来他在日本创办春柳剧社②，纠集留学同志，并演当时西洋著名的悲剧《茶花女》（小仲马③著）。他自己把腰束小，扮作茶花女，粉墨登场。这照片，他出家时也送给我，一向归我保藏，直到抗战时为兵火所毁。现在我还记得这照片：卷发，白的上衣，白的长裙拖着地面，腰身小到一把，两手举起托着后头，头向右歪侧，眉峰紧蹙，眼波斜睇，

---

①明治维新：19世纪中叶，在西方工业文明的冲击下，日本的有识之士全力推动国家的改革，在打倒幕府统治等一系列的斗争后，日本建立明治政府，开始了"脱亚入欧"的变法，使日本成为亚洲第一个现代化的国家。明治维新对近代中国影响巨大。

②春柳剧社：又称春柳社。1906年冬，由李叔同等中国留日学生在日本东京组建的以戏剧研究为主的综合性艺术团体。它的成立标志着中国话剧的奠基和发端。

③小仲马：即亚历山大·小仲马（1824—1895），法国著名小说家大仲马的私生子。《茶花女》是小仲马创作的著名爱情悲剧，被译成各种文字在世界上广为流传。

正是茶花女自伤命薄的神情。另外还有许多演剧的照片，不可胜记。这春柳剧社后来迁回中国，李先生就脱出，由另一班人去办，便是中国最初的"话剧"社。由此可以想见，李先生在日本时，是彻头彻尾的一个留学生。我见过他当时的照片：高帽子、硬领、硬袖、燕尾服、史的克①、尖头皮鞋，加之长身、高鼻，没有脚的眼镜夹在鼻梁上，竟活像一个西洋人。这是第二次表示他的特性：凡事认真。学一样，像一样。要做留学生，就彻底地做一个留学生。

他回国后，在上海太平洋报社当编辑。不久，就被南京高等师范请去教图画、音乐。后来又应杭州师范之聘，同时兼任两个学校的课，每月中半个月住南京，半个月住杭州。两校都请助教，他不在时由助教代课。我就是杭州师范的学生。这时候，李先生已由留学生变为"教师"。这一变，变得真彻底：漂亮的洋装不穿了，却换上灰色粗布袍子、黑布马褂、布底鞋子。金丝边眼镜也换了黑的钢丝边眼镜。他是一个修养很深的美术家，所以对于仪表很讲究。虽然布衣，却很称身，常常整洁。他穿布衣，全无穷相，而另具一种朴素的美。你可想见，他是扮过茶花女的，身材生得非常窈窕。穿了布衣，仍是一个美男子。"淡妆浓抹总相宜"，这诗句原是描写西子的，但拿来形容我们的李先生的仪表，也很适用。今人侈谈"生活艺术化"，大都好奇立异，非艺术的。李先生的服装，才真可称为生活的艺术化。他一时代的服装，表出着一时代的思想与生活。各时代的思想与生活判然不同，各时代的服装也判然不同。布衣布鞋的李先生，与洋装时代的李先生、曲襟背心时代的李先生，判若三人。这是第三次表示他的特性：认真。

我二年级时，图画归李先生教。他教我们木炭石膏模型写生。同学一向描惯临画，起初无从着手。四十余人中，竟没有一个人描得像样的。后来他范画给我们看。画毕把范画挂在黑板上。同学们大都看着黑板临

①史的克：英文 stick 的音译，即手杖。西方传统绅士以手持精美手杖显示风度、教养和身份，近代中国受西方文明教育的知识分子亦纷纷仿效，故手杖在中国也称"文明棍"。

摹。只有我和少数同学，依他的方法从石膏模型写生。我对于写生，从这时候开始发生兴味。我到此时，恍然大悟：那些粉本①原是别人看了实物而写生出来的。我们也应该直接从实物写生入手，何必临摹他人，依样画葫芦呢？于是我的画进步起来。此后李先生与我接近的机会更多。因为我常去请他教画，又教日本文，以后的李先生的生活，我所知道的较为详细。他本来常读理性的书，后来忽然信了道教，案头常常放着道藏②。那时我还是一个毛头青年，谈不到宗教。李先生除绘事外，并不对我谈道。但我发现他的生活日渐收敛起来，仿佛一个人就要动身赴远方时的模样。他常把自己不用的东西送给我。他的朋友日本画家大野隆德、河合新藏、三宅克己等到西湖来写生时，他带了我去请他们吃一次饭，以后就把这些日本人交给我，叫我引导他们（我当时已能讲普通应酬的日本话）。他自己就关起房门来研究道学。有一天，他决定入大慈山去断食，我有课事，不能陪去，由校工闻玉陪去。数日之后，我去望他。见他躺在床上，面容消瘦，但精神很好，对我讲话，同平时差不多。他断食共十七日，由闻玉扶起来，摄一个影，影片上端由闻玉题字："李息翁先生断食后之像，侍子闻玉题。"这照片后来制成明信片分送朋友。像的下面用铅字排印着："某年月日，入大慈山断食十七日，身心灵化，欢乐康强——欣欣道人记。"李先生这时候已由"教师"一变而为"道人"了。学道就断食十七日，也是他凡事"认真"的表示。

弘一法师道影

但他学道的时候很短。断食以后，不久他就学佛。他自己对我说，他的学佛是受马一

---

①粉本：中国传统绘画，先施粉上样，后依样落笔，因而画稿又称粉本。
②道藏：道教书籍的总称，此处泛指道教书籍。

浮①先生指示的。出家前数日，他同我到西湖玉泉②去看一位程中和先生。这程先生原来是当军人的，现在退伍，住在玉泉，正想出家为僧。李先生同他谈得很久。此后不久，我陪大野隆德到玉泉去投宿，看见一个和尚坐着，正是这位程先生。我想称他"程先生"，觉得不合。想称他法师，又不知道他的法名（后来知道是弘伞）。一时周章得

李叔同与弟子（右为丰子恺）

很。我回去对李先生讲了，李先生告诉我，他不久也要出家为僧，就做弘伞的师弟。我愕然不知所对。过了几天，他果然辞职，要去出家。出家的前晚，他叫我和同学叶天瑞、李增庸三人到他的房间里，把房间里所有的东西送给我们三人。

第二天，我们三人送他到虎跑③。我们回来分得了他的"遗产"，再去望他时，他已光着头皮，穿着僧衣，俨然一位清癯④的法师了。我从此改口，称他为"法师"。法师的僧腊⑤二十四年。这二十四年中，我颠沛流离，他一贯到底，而且修行功夫愈进愈深。当初修净土宗⑥，后来又修律宗。律宗是讲究戒律的，一举一动，都有规律，严肃认真之极。这是佛门中最难修的一宗。数百年来，传统断绝，直到弘一法师方才复兴，所以佛门中称他为"重兴南山律宗第十一代祖师"。他的生活非常认真。举一例说：有一次我寄一卷宣纸去，请弘一法师写佛号。宣纸多了

①马一浮（1883—1967），字一佛，后字一浮，号湛翁，别署蠲（juān）翁、蠲戏老人。浙江会稽（今浙江绍兴）人。思想家、诗人和书法家，现代新儒家的早期代表人物。曾任浙江大学教授、浙江文史研究馆馆长、中央文史研究馆副馆长。后人辑有《马一浮集》。

②西湖玉泉：位于杭州西湖仙姑山北的清涟寺。

③虎跑：指杭州定慧寺，俗称虎跑寺，位于杭州西南大慈山。

④清癯：清瘦。往往用来形容有气质但比较清贫的读书人。癯，音qú。

⑤僧腊：出家修行的年数。

⑥净土宗：是中国佛教的宗派之一。与后文的律宗及三论宗、瑜伽宗、天台宗、贤首宗、禅宗、密宗并称为中国佛教的八大宗派。

些，他就来信问我，余多的宣纸如何处置？又有一次，我寄回件邮票去，多了几分。他把多的几分寄还我。以后我寄纸或邮票，就预先声明：余多的送与法师。有一次他到我家，我请他藤椅子里坐。他把藤椅子轻轻摇动，然后慢慢地坐下去。起先我不敢问，后来看他每次都如此，我就启问。法师回答我说："这椅子里头，两根藤之间，也许有小虫伏着。突然坐下去，要把它们压死，所以先摇动一下，慢慢地坐下去，好让它们走避。"读者听到这话，也许要笑。但这正是做人极度认真的表示。

李叔同

如上所述，弘一法师由翩翩公子一变而为留学生，又变而为教师，三变而为道人，四变而为和尚。每做一种人，都做得十分像样。好比全能的优伶：起青衣像个青衣，起老生像个老生，起大面又像个大面①……都是"认真"的原故。

现在弘一法师在福建泉州圆寂了。噩耗传到贵州遵义的时候，我正在束装，将迁居重庆。我发愿到重庆后替法师画像一百帧，分送各地信善，刻石供养。现在画像已经如愿了。我和李先生在世间的师弟尘缘已经结束，然而他的遗训——认真——永远铭刻在我心头。

一九四三年四月，弘一法师圆寂后，百六十七日，作于四川五通桥客寓

①大面：中国传统戏曲的脚色行当。俗称"大花脸"。在京剧及一些地方戏中又是"净"的别称。

作者简介

　　丰子恺（1898—1975），原名丰润，又名婴行，浙江桐乡石门镇人。现代画家、散文家、美术教育家、音乐教育家和翻译家，被誉为"现代中国最像艺术家的艺术家"。其极富个人风格的漫画脍炙人口。

　　散文作品有《缘缘堂随笔》《缘缘堂再笔》《随笔二十篇》《甘美的回忆》《艺术趣味》《率真集》等。

编辑缀语

　　弘一大师李叔同一生拥有众多的学生和弟子，丰子恺应该是其中因缘最深的一位。1914年，16岁的丰子恺考入浙江省立第一师范学校，遇上了启迪他艺术心灵的艺术先驱李叔同。李叔同先生把他引入了艺术的道路。就像夏丏尊先生曾经说的："李先生的教师，是有后光的。"丰子恺心目中的李叔同更是有无限的光环。在文中，作者回忆了老师上课的点滴，特别是那"深深地一鞠躬"，体现了大师的人格魅力。丰子恺还为我们总结了大师一个重要的性格——认真，"由翩翩公子一变而为留学生，又变而为教师，三变而为道人，四变而为和尚。每做一种人，都做得十分像样"。弘一大师才华横溢，世人皆知，不是人人所能得而学，但他的修养与处事的认真态度，我们却可从这些点滴领略。平时的生活和学习中，若也能"对于一件事，不做则已，要做就非做得彻底不可"，多那么一点执着的精神，也就离成功不远了。

因为我的写文，是在夏先生的指导鼓励之下学起来的。今天写完了这篇文章，我又本能地想：

"不知这篇东西夏先生看了怎么说。"

两行热泪，一齐沉重地落在这原稿纸上。

悼夏丏尊先生

丰子恺

　　我从重庆郊外迁居城中，候船返沪。刚才迁到，接得夏丏尊老师逝世的消息。记得三年前，我从遵义迁重庆，临行时接得弘一法师往生①的电报。我所敬爱的两位教师的最后消息，都在我行旅倥偬②的时候传到。这偶然的事，在我觉得很是蹊跷。因为这两位老师同样的可敬可爱，昔年曾经给我同样宝贵的教诲；如今噩耗传来，也好比给我同样的最后训示。这使我感到分外的哀悼与警惕。

　　我早已确信夏先生是要死的，同确信任何人都要死的一样。但料不到如此其速。八年违教，快要再见，而终于不得再见！真是天实为之，谓之何哉！

　　———————

　　①往生：佛门用语，指人在世行善，死后精神升往极乐世界。在民间，往生是对死亡的另一种说法。

　　②倥偬：此处指事情纷繁迫促。

犹忆二十六年秋，"卢沟桥事变"之际，我从南京回杭州，中途在上海下车，到梧州路去看夏先生。先生满面忧愁，说一句话，叹一口气。我因为要乘当天的夜车返杭，匆匆告别。我说："夏先生再见。"夏先生好像骂我一般愤然地答道："不晓得能不能再见！"同时又用凝注的眼光，站立在门口目送我。我回头对他发笑。因为夏先生老是善愁，而我总是笑他多忧。

岂知这一次正是我们的最后一面，果然这一别"不能再见了"！

夏丏尊

后来我扶老携幼，仓皇出奔，辗转长沙、桂林、宜山、遵义、重庆各地。夏先生始终住在上海。初年还常通信。自从夏先生被敌人捉去监禁①了一回之后，我就不敢写信给他，免得使他受累。胜利一到，我写了一封长信给他。见他回信的笔迹依旧遒劲挺秀，我很高兴。字是精神的象征，足证夏先生精神依旧。当时以为马上可以再见了，岂知交通与生活日益困难，使我不能早归；终于在胜利后八个半月的今日，在这山城客寓中接到他的噩耗，也可说是"抱恨终天"的事！

夏先生之死，使"文坛少了一位老将"，"青年失了一位导师"，这些话一定有许多人说，用不着我再讲。我现在只就我们的师弟情缘上表示哀悼之情。

夏先生与李叔同先生（弘一法师），具有同样的才调，同样的胸怀。不过表面上一位做和尚，一位是居士而已。

犹忆三十余年前，我当学生的时候，李先生教我们图画、音乐，夏先生教我们国文。我觉得这三种学科同样的严肃而有兴趣。就为了他们二人同样的深解文艺的真谛，故能引人入胜。夏先生常说："李先生教图

---

①被敌人捉去监禁：1941年，"珍珠港事变"发生后，日本军队进入上海租界，夏丏尊被认为是激进的"危险分子"，遭日本宪兵队逮捕，在狱中备受凌辱。后经友人保释出狱。

画、音乐，学生对图画、音乐，看得比国文、数学等更重。这是有人格作背景的原故。因为他教图画、音乐，而他所懂得的不仅是图画、音乐；他的诗文比国文先生的更好，他的书法比习字先生的更好，他的英文比英文先生的更好……这好比一尊佛像，有灵光，故能令人敬仰。"这话也可说是"夫子自道"。夏先生初任舍监，后来教国文。但他也是博学多能，只除不弄音乐以外，其他诗文、绘画（鉴赏）、金石、书法、理学、佛典，以至外国文、科学等，他都懂得。因此能和李先生交游，因此能得学生的心悦诚服。

他当舍监的时候，学生们私下给他起个诨名，叫夏木瓜。但这并非恶意，却是好心。因为他对学生如对子女，率直开导，不用敷衍、欺蒙、压迫等手段。学生们最初觉得忠言逆耳，看见他的头大而圆，就给他起这个诨名。但后来大家都知道夏先生是真爱我们，这绰号就变成了爱称而沿用下去。凡学生有所请愿，大家都说："同夏木瓜讲，这才成功。"他听到请愿，也许喑呜叱咤地骂你一顿；但如果你的请愿合乎情理，他就当作自己的请愿，而替你设法了。

他教国文的时候，正是"五四"将近。我们做惯了"太王留别父老书""黄花主人致无肠公子书"之类的文题之后，他突然叫我们做一篇"自述"。而且说："不准讲空话，要老实写。"有一位同学，写他父亲客死他乡，他"星夜匍伏奔丧"。夏先生苦笑着问他："你那天晚上真个是在地上爬去的？"引得大家发笑，那位同学脸孔绯红。又有一位同学发牢骚，赞隐遁，说要"乐琴书以消忧，抚孤松而盘桓"。夏先生厉声问他："你为什么来考师范学校？"弄得那人无言可对。

这样的教法，最初被顽固守旧的青年所反对。他们以为文章不用古典，不发牢骚，就不高雅。竟有人说："他自己不会做古文（其实做得很好），所以不许学生做。"但这样的人，毕竟是少数。多数学生，对夏先生这种从来未有的、大胆的革命主张，觉得惊奇与折服，好似长梦猛醒，恍悟今是昨非。这正是五四运动的初步。

李先生做教师，以身作则，不多讲话，使学生衷心感动，自然诚服。譬如上课，他一定先到教室，黑板上应写的，都先写好（用另一黑板遮住，用到的时候推开来）。然后端坐在讲台上等学生到齐。譬如学生还琴时弹错了，他举目对你一看，但说："下次再还。"有时他没有说，学生吃了他一眼，自己请求下次再还了。他话很少，说时总是和颜悦色的。但学生非常怕他，敬爱他。夏先生则不然，毫无矜持，有话直说。学生便嬉皮笑脸，同他亲近。偶然走过校庭，看见年纪小的学生弄狗，他也要管："为啥同狗为难！"放假日子，学生出门，夏先生看见了便喊："早些回来，勿可吃酒啊！"学生笑着连说："不吃，不吃！"赶快走路。走得远了，夏先生还要大喊："铜钿①少用些！"学生一方面笑他，一方面实在感激他，敬爱他。

夏先生与李先生对学生的态度，完全不同。而学生对他们的敬爱，则完全相同。这两位导师，如同父母一样。李先生的是"爸爸的教育"，夏先生的是"妈妈的教育"。夏先生后来翻译的《爱的教育》②，风行国内，深入人心，甚至被取作国文教材。这不是偶然的事。

我师范毕业后，就赴日本。从日本回来就同夏先生共事，当教师，当编辑。我遭母丧后辞职闲居，直至逃难。但其间与书店关系仍多，常到上海与夏先生相晤。故自我离开夏先生的绛帐③，直到抗战前数日的诀别，二十年间，常与夏先生接近，不断地受他的教诲。其时李先生已经做了和尚，芒鞋破钵，云游四方，和夏先生仿佛是两个世界的人。但在我觉得仍是以前的两位导师，不过所导的范围由学校扩大为人世罢了。

李先生不是"走投无路，遁入空门"的，是为了人生根本问题而做

_____

①铜钿：吴地方言，指铜质硬币。此处泛指金钱。

②《爱的教育》：意大利作家埃迪蒙托·德·亚米契斯创作的长篇日记体小说，1886年出版。1923年由夏丏尊翻译、介绍到中国，在上海《东方杂志》上连载。1924年开明书店出版。

③绛帐：即红色帐帷。据《后汉书·马融传》载，东汉学者马融学识高深渊博，常在为生徒讲授儒家经典时，将厅堂围置红色帐帷。后用"绛帐授徒"，指师长设立讲座，传授学生。含尊崇之意。

和尚的。他是真正做和尚，他是痛感于众生疾苦而"行大丈夫事"的。夏先生虽然没有做和尚，但也是完全理解李先生的胸怀的；他是赞善李先生的行大丈夫事的。只因种种尘缘的牵阻，使夏先生没有勇气行大丈夫事。夏先生一生的忧愁苦闷，由此发生。

凡熟识夏先生的人，没有一个不晓得夏先生是个多忧善愁的人。他看见世间的一切不快、不安、不真、不善、不美的状态，都要皱眉、叹气。他不但忧自家，又忧友、忧校、忧店、忧国、忧世。朋友中有人生病了，夏先生就皱着眉头替他担忧；有人失业了，夏先生又皱着眉头替他着急；有人吵架了，有人吃醉了，甚至朋友的太太要生产了，小孩子跌跤了……夏先生都要皱着眉头替他们忧愁。学校的问题，公司的问题，别人都当作例行公事处理的，夏先生却当作自家的问题，真心地担忧。国家的事，世界的事，别人当作历史小说看的，在夏先生都是切身问题，真心地忧愁、皱眉、叹气。故我和他共事的时候，对夏先生凡事都要讲得乐观些，有时竟瞒过他，免得使他增忧。他和李先生一样的痛感众生的疾苦，但他不能和李先生一样行大丈夫事，他只能忧伤终老。在"人世"这个大学校里，这二位导师所施的仍是"爸爸的教育"与"妈妈的教育"。

朋友的太太生产，小孩子跌跤等事，都要夏先生担忧。那么，八年来水深火热的上海生活，不知为夏先生增添了几十万斛①的忧愁！忧能伤人，夏先生之死，是供给忧愁材料的社会所致使，日本侵略者所促成的！

以往我每逢写一篇文章，写完之后总要想："不知这篇东西夏先生看了怎么说。"因为我的写文，是在夏先生的指导鼓励之下学起来的。今天写完了这篇文章，我又本能地想："不知这篇东西夏先生看了怎么说。"两行热泪，一齐沉重地落在这原稿纸上。

---

①斛：旧量器名，亦为容量单位。一斛为十斗，后改为五斗。音 hú。

编辑缀语

夏丏尊是我国著名的文学家、教育家、出版家、爱国民主战士。他是历史悠久的《中学生》杂志创刊人之一，把毕生精力都投入到了祖国的教育事业之中。夏丏尊于丰子恺可谓亦师亦友，是作者最为敬重的两位导师之一。这个可以让学生嬉皮笑脸接近，毫无拘束的"夏木瓜"，这个被作者誉为"妈妈的教育"的老师，这个一生都在忧自家、忧友、忧校、忧店、忧国、忧世的多忧善愁的老师，是有着怎样柔软的心，纯真的情呀！他的离世让作者因失去了如同母亲一般的师友而"抱恨终天"，让一代代的学子读懂了为人师者的可爱与可敬。作者每每写了文章，都会想不知这篇东西夏先生看了怎么说。先生有知，虽然不说，也是欣慰的，为有这样的学生与知己。

我跟随元任先生虽只有短短的一年，
但是我在学术方法上受元任先生的影响很深。
元任先生在我的研究生论文上所批的
"说有易，说无难"六个字，
至今成为我的座右铭。

怀念赵元任先生

王 力

　　去年（1981）5月17日，赵元任先生从美国回到北京。这是他在解放后第二次回北京。第一次在1973年春天，周恩来总理会见了他。这次回来，邓小平副主席会见了他，中国社会科学院宴请了他，北京大学聘他为名誉教授。他的女儿赵如兰[①]教授说，元任先生最满意的一件事是去年夏天他同女儿、女婿回国来了。的确是这样，他的高兴的心情我看得出来，所以我两次劝他回国定居。他说他在美国还有事情要处理，他回去再来。去年12月，清华大学打电话告诉我，元任先生已决定回国定居，我高兴极了。不料今年3月他就离开了我们。

　　在去年6月10日北京大学授予赵元任先生名誉教授称号的盛会上，我致了颂词。我勉励我的学生向元任先生学习，学习他的博学多能，学

[①]赵如兰（1922—2013），生于美国马萨诸塞州剑桥市。华裔音乐学家，著名语言学家赵元任之女。美国哈佛大学首位华裔女教授，第一位当选台湾中央研究院院士的音乐专家。

习他的由博返约，学习他先当哲学家、文学家、物理学家、数学家、音乐家，最后成为世界闻名的语言学家。

邓小平接见赵元任及赵如兰夫妇

我在1926年考进清华大学研究院，当时我们有四位名教授：梁启超、王国维、赵元任、陈寅恪①。我们同班的三十二位同学只有我一个人跟元任先生学习语言学，所以我和元任先生的关系特别密切。我常常到元任先生家里看他。有时候正碰上他吃午饭，赵师母笑着对我说："我们边吃边谈吧，不怕你嘴馋。"有一次我看见元任先生正在弹钢琴，弹的是他自己谱写的歌曲。耳濡目染，我更喜爱元任先生的学问了。

我跟随元任先生虽只有短短的一年，但是我在学术方法上受元任先生的影响很深。后来我在《中国现代语法》自序上说，元任先生在我的研究生论文上所批的"说有易，说无难"六个字，至今成为我的座右铭。事情是这样的：我在研究生论文《中国古文法》里讲到"反照句"、"纲目句"的时候，加上一个附言说："反照句、纲目句，在西文罕见。"元任先生批云："删附言！未熟通某文，断不可定其无某文法。言有易，言无难！"这是对我的当头棒喝。但是我还没有接受教训。就在这一年，我写了另一篇论文《两粤音说》。承蒙元任先生介绍发表在《清华学报》上。这篇文章说两粤没有撮口呼。1928年元任

---

①陈寅恪（1890—1969），字鹤寿，江西修水人。著名历史学家、古典文学研究家、语言学家、诗人。先后任教于清华大学、西南联大、广西大学、燕京大学、中山大学等。著有《隋唐制度渊源略论稿》《唐代政治史述论稿》《柳如是别传》《寒柳堂记梦》等。

先生去广州调查方言，他写信告诉当时在巴黎的我说，广州话里就有撮口呼，并举"雪"字为例。这件事使我深感惭愧。我检查我犯错误的原因，第一，我的论文题目本身就是错误的。调查方言只能一个一个地点去调查，决不能两粤作为一个整体来调查。其次，我不应该由我的家乡博白话没有撮口呼来推断两粤没有撮口呼，这在逻辑推理上是错误的。由于我在《两粤音说》上所犯的错误，我更懂得元任先生"说有易，说无难"的道理。

我1927年在清华研究院毕业后，想去法国留学，元任先生鼓励我，说法国有著名的语言学家，我可以去法国学习语言学。从此以后，我和元任先生很少见面了。但是，元任先生始终没有忘记我。1928年夏天，他把他的新著《现代吴语的研究》寄去巴黎给我，在扉页上用法文写着"avec compliments de Y. R.Chao"（"赵元任向你问好"）。1939年6月14日，他从檀香山寄给我一本法文书《时间与动词》，在扉页上用中文写着"给了一兄看"。1975年，他从美国加州寄给我一本用英文写的《早年自传》，在扉页上写着"送给了一兄存"。我至今珍藏着这三本书。元任先生每十年写一封"绿色的信"，印寄不常见面的亲戚朋友，我收到他的第二封和第五封。

我常常对我的学生说，元任先生之所以能有那么大的成就，就是因为基础打得好。1918年他在哈佛大学取得了哲学博士学位，那时他才二十六岁。1919年他回到他的母校康乃尔大学当物理学讲师。1921年，英国哲学家罗素来中国讲学，元任先生当翻译。在他的《自传》里可以看出，他是以此为荣的。1922年，他翻译了《阿丽思漫游奇境记》①。1925年，他从欧洲归国后，在清华大学教数学，次年才当上研究院教授。

---

①《阿丽思漫游奇境记》：英国作家查尔斯·路德维希·道奇森用笔名路易斯·卡罗尔创作的一部经典儿童文学作品。自1865年出版以来，深受不同年龄的读者喜爱，被翻译成一百多种语言。

在20年代，元任先生谱写了许多歌曲，如《教我如何不想她》[①]等，撰写了一些有关乐理的论文，如《中国派和声的几个小试验》等。哲学、文学、音乐、物理、数学，都是和语言学有密切关系的科学，这些基础打好了，搞起语言学来自然根深叶茂，取得卓越的成果。他写的《现代吴语的研究》、《南京音系》、《广西瑶歌记音》、《钟祥方言记》、《湖北方言调查》（主编）、《广州话入门》、《北京话入门》、《中国话的文法》、《语言问题》等，都是不朽的著作。我们向元任先生学习，不但要学习他的著作，还要学习他的治学经验和学术方法。

元任先生是中国的学者，可惜他在中国居住的时间太少了。据他的《自传》所载，他1910—1919在美国住了十年，1920—1921在中国，1921—1924在美国，1924—1925在欧洲，1925—1932在中国，1932—1933在美国，1933—1938在中国，1938—1982在美国居住四十四年（1973、1981回国两次）。假使他长期住在中国，当能对中国文化做出更大的贡献。据我所知，中华人民共和国建国以来，我们的政府一直争取元任先生返国。最后将近实现了，而元任先生却与世长辞。这不但使我们当弟子的深感哀痛，我国语言学界也同声叹惜。最后，我把我的挽诗一首写在下面，来表示我的悼念之情：

离朱子野[②]逊聪明，旷世奇才绝代英。

提要钩玄[③]探古韵，鼓琴吹笛谱新声。

---

①《教我如何不想她》：著名语言学家刘半农在20世纪20年代于英国伦敦大学留学期间创作的一首白话诗。1926年，赵元任将诗谱曲，在现代中国流传甚广。另：在这诗中，刘半农首次使用了自己创造的第三人称代词"她"字。这也是"她"字在中国语言文字中被广泛使用的开始。

②离朱子野：离朱，即离娄，上古传说中的人物，能视百步之外，见秋毫之末。子野，春秋时晋国盲乐师师旷的字。师旷擅弹琴，精通音律。

③提要钩玄：提要，指出纲要；钩玄，探索精微。意为精辟而简明地指明主要内容。又写作"钩玄提要"。语出韩愈《进学解》："记事者必提其要，纂言者必钩其玄。"

剧怜山水千重隔，不厌䡎轩①万里行。

今后更无青鸟②使，望洋遥奠倍伤情！

作者简介

王力（1900—1986），字了一，广西博白人。中国著名语言学家、教育家、文学家和翻译家，中国现代语言学奠基人之一。北京大学教授。

主要著作有《王力文集》《龙虫并雕斋诗集》《王力诗论》《龙虫并雕斋琐语》，翻译作品有《莫里哀全集》及纪德、小仲马、左拉、都德、波特莱尔等作家的小说、剧本、诗歌。

编辑缀语

王力早年就读清华大学研究院时，师从赵元任先生学习现代语言学，受过赵先生的精心指引和教导。老师的耳濡目染，使王力树立了从事语言学研究的志向，而师徒二人均是现代著名的语言学家，更是传为佳话。对于赵先生的博学，作者更是感佩，历经几十年，师徒又相聚，作者对老师回国充满期待，老师却于此时辞世，不能不说是永久的遗憾。在这

---

①䡎轩：古代使臣乘坐的一种轻车。䡎，音 yóu。

②青鸟：中国古代神话传说中能为西王母取食传信的神鸟。后成为"信使"的代称。此处指赵元任每十年给朋友印寄的"绿色的信"。

个人的追忆中，也饱含了时代留下的遗憾。赵元任先生在国内居住的时间不长，为中国文化做出的贡献却是巨大的。作者没有辜负老师的期望，在语言学方面硕果累累，可说是作为学生，对老师最大的回报。最后的挽诗，感情真挚，读来令人不胜感慨。今后更无青鸟使，望洋遥奠倍伤情！望洋兴叹的，又岂止是先生一人？

> 哽塞在我喉头的对管老师感恩戴德的
> 千言万语，我也忘记了到底说出了几句，
> 至今还闪烁在我眼前的，却是我
> 落在我女儿发上的几滴晶莹的眼泪。

我的老师

——管叶羽先生

冰　心

　　我这一辈子，从国内的私塾起，到国外的大学研究院，教过我的男、女、中、西教师，总有上百位！但是最使我尊敬爱戴的就是管叶羽老师。

　　管老师是协和女子大学理预科教数、理、化的老师，（1924年起，他又当了我的母校贝满女子中学①的第一位中国人校长，可是那时我已经升入燕京大学了。）1918年，我从贝满女中毕业，升入协和女子大学的理预科，我的主要功课，都是管老师教的。

　　回顾我做学生的二十八年中，我所接触过的老师，不论是教过我或

————————

　　①贝满女子中学：近代由美国基督教公理会在北京创办的最早引进西方教育的学校，其创始人是来中国传教的贝满夫人。1864年设立贝满女子小学，1895年，成立四年制女子中学，校名为贝满女子中学。1905年，在贝满女子中学课程的基础上，又增设了大学课程，名为协和女子大学。

是没教过我的，若是以"全心全意为人民教育服务"以及"忠诚于教育事业"的严格标准来衡量我的老师的话，我看只有管叶羽老师是当之无愧的！

我记得我入大学预科，第一天上化学课，我们都坐定了（我总要坐在第一排），管老师从从容容地走进课室来，一件整洁的浅蓝布长褂，仪容是那样严肃而又慈祥，我立刻感到他既是一位严师，又像一位慈父！

在我上他的课的两年中，他的衣履一贯地是那样整洁而朴素，他的仪容是一贯的严肃而慈祥。他对学生的要求是极其严格的，对于自己的教课准备，也极其认真。因为我们一到课室，就看到今天该做的试验的材料和仪器，都早已整整齐齐地摆在试验桌上。我们有时特意在上课铃响以前，跑到教室去，就看见管老师自己在课室里忙碌着。

管老师给我们上课，永远是启发式的，他总让我们预先读一遍下一堂该学的课，每人记下自己不懂的问题来，一上课就提出大家讨论，再请老师讲解，然后再做试验。课后管老师总要我们整理好仪器，洗好试管，擦好桌椅，关好门窗，把一切弄得整整齐齐的，才离开教室。

理预科同学中从贝满女中升上来的似乎只有我一个，其他的同学都是从华北各地的教会女子中学来的，她们大概从高中毕业后都教过几年书，我在她们中间，显得特别的小（那年我还不满十八岁），也似乎比她们"淘气"，但我总是用心听讲，一字不漏地写笔记，回答问题也很少差错，做试验也从不拖泥带水，管老师对我的印象似乎不错。

我记得有一次做化学试验，有一位同学不知怎么把一个当中插着一根玻璃管的橡皮塞子，捅进了试管，捅得很深，玻璃管拔出来了，橡皮塞子却没有跟着拔出，于是大家都走过来帮着想法。有人主张用钩子去钩，但是又不能把钩子伸进这橡皮塞子的小圆孔里去。管老师也走过来看了半天……我想了一想，忽然跑了出去，从扫院子的大竹扫帚上拗了一段比试管口略短一些的竹枝，中间拴了一段麻绳，然后把竹枝和麻绳都直着穿进橡皮塞子孔里，一拉麻绳，那根竹枝自然而然地就横在皮塞子下面。我同那位同学，一个人握住试管，一个人使劲拉那根麻绳，一下子就把橡皮塞子拉出来了。我十分高兴地叫："管老师——出来了！"这时同学们都愕然地望着管老师，又瞪着我，轻轻地说："你怎么能说管老师出来了！"我才醒悟过来，不好意思地回头看着站在我身后的管老师，他老人家依然是用慈祥的目光看着我，而且满脸是笑！我的失言，并没有受到斥责！

1924年，他当了贝满女中的校长，那时我已经出国留学了。1926年，我回燕大教书，从升入燕大的贝满同学口中，听到的管校长以校为家，关怀学生胜过自己的子女的嘉言懿行，真是洋洋盈耳，他是我们同学大家的榜样！

1946年，抗战胜利了，那时我想去看看战后的日本，却又不想多呆。我就把儿子吴宗生（现名吴平）、大女儿吴宗远（现名吴冰）带回北京上学，寄居在我大弟媳家里。我把宗生送进灯市口育英中学（那是我弟弟们的母校），把十一岁的大女儿宗远送到我的母校贝满中学。当我带她去报名的时候，特别去看了管校长，他高兴得紧紧握住我的手——这是我们第一次握手！他老人家是显老了，三四十年的久别，敌后办学的辛苦和委屈，都刻画在他的面庞和双鬓上！

还没容我开口，他就高兴地说："你回来了！这是你的女儿吧？她也想进贝满？"又没等我回答，他抚着宗远的肩膀说："你妈妈可是个好学生，成绩还都在图书馆里，你要认真向她学习。"哽塞在我喉头的对管老师感恩戴德的千言万语，我也忘记了到底说出了几句，至今还闪烁在我眼前的，却是我落在我女儿发上的几滴晶莹的眼泪。

1985年5月28日清晨

冰心一家

作者简介

冰心（1900—1999），原名谢婉莹，笔名冰心女士、男士等，原籍福建长乐。现代著名作家、诗人、翻译家、儿童文学家。

作品有散文集《寄小读者》《再寄小读者》《三寄小读者》《归来以后》《我们把春天吵醒了》《樱花赞》《拾穗小札》《关于女人》，小说集《姑姑》《去国》《冬儿姑娘》，小说散文集《超人》《往事》《晚晴集》，以及《冰心全集》《冰心文集》《冰心著译选集》等。

编辑缀语

读冰心先生的文章，总能感受到默默的温情，一个慈父般的老师形象跃然纸上。这位"以校为家，关怀学生，胜过自己的子女"的老师，时隔三十多年，仍在艰难的环境中坚持办学，为教育尽心尽力，则不能不让我们钦佩了。冰心对他"全心全意为人民教育服务"以及"忠诚于教育事业"的评价可谓当之无愧。在战火纷飞的年代，仍然为中国的教育而鞠躬尽瘁的老师何止千万，正是有了他们，我们民族的精神才不致断裂。

我离开先生已将近五十年了，
未曾与先生一通音讯，不知他云游何处，
听说他已早归道山了。
同学们偶尔还谈起"徐老虎"，
我于回忆他的音容之余，
不禁地还怀着怅惘敬慕之意。

我的一位国文老师

梁实秋

我在十八九岁的时候，遇见一位国文先生，他给我的印象最深，使我受益也最多，我至今不能忘记他。

先生姓徐，名锦澄，我们给他上的绰号是"徐老虎"，因为他凶。他的相貌很古怪，他的脑袋的轮廓是有棱有角的，很容易成为漫画的对象。头很尖，秃秃的，亮亮的，脸形却是方方的，扁扁的，有些像《聊斋志异》绘图中的夜叉的模样。他的鼻子眼睛嘴好像是过分地集中在脸上很小的一块区域里。他戴一副墨晶眼镜，银丝小镜框，这两块黑色便成了他脸上最显著的特征。我常给他画漫画，勾一个轮廓，中间点上两块椭圆形的黑块，便惟妙惟肖。他的身材高大，但是两肩总是耸得高高，鼻尖有一些红，像酒糟的，鼻孔里常藏着两桶清水鼻涕，不时地吸溜着，说一两句话就要用力地吸溜一声，有板有眼有节奏，也有时忘了吸溜，走了板眼，上唇上便亮晶晶地吊出两根玉箸，他用手背一抹。他常穿的是一件灰布长袍，好像是在给谁穿孝。袍子在整洁的阶段时我没有赶得上看见，余生也晚，我看见那袍子的时候即已油渍斑斑。他经常是仰着头，迈着八字步，两眼望青天，嘴撇得瓢儿似的。我很难得看见他笑，如果笑起来，是狞笑，样子更凶。

我的学校是很特殊的。上午的课全是用英语讲授，下午的课全是国语讲授。上午的课很严，三日一问，五日一考，不用功便被淘汰，下午的课稀松，成绩与毕业无关。所以每天下午上国文之类的课程，学生们便不踊跃，课堂上常是稀稀拉拉的不大上座，但教员用拿毛笔的姿势举着铅笔点名的时候，学生却个个都到了，因为一个学生不只答一声到。真到了的学生，一部分是从事午睡，微发鼾声，一部分看小说如《官场现形记》《玉梨魂》^①之类，一部分写"父母亲大人膝下"式的家书，一部分干脆瞪着大眼发呆，神游八表^②，有时候逗先生开玩笑。国文先生呢，大部分都是年高有德的，不是榜眼^③，就是探花，再不就是举人。他们授课不过是奉行公事，乐得敷敷衍衍。在这种糟糕的情形之下，徐老先生之所以凶，老是绷着脸，老是开口就骂人，我想大概是由于正当防卫吧。

有一天，先生大概是多喝了两盅，摇摇摆摆地进了课堂。这一堂是作文，他老先生拿起粉笔在黑板上写了两个字，题目尚未写完，当然照例要吸溜一下鼻涕，就在这吸溜之际，一位性急的同学发问了："这题目怎样讲呀？"老先生转过身来，冷笑两声，勃然大怒："题目还没有写完，写完了当然还要讲，没写完你为什么就要问？……"滔滔不绝地吼叫起来，大家都为之愕然。这时候我可按捺不住了。我一向是个上午捣

---

①《玉梨魂》："鸳鸯蝴蝶派"的著名作家徐忱亚的代表作。徐忱亚（1889—1937），江苏常熟人，小说家。以长篇言情骈文小说著称。《玉梨魂》发表于1912年，广受读者欢迎。1924年拍成电影，1926年改编成话剧。

②八表：中国古代把八方之外称为八表，指极远的地方。亦称八荒。

③榜眼：中国古代科举制度中，通过最后一级朝廷考试（殿试）者，称为进士。其中一等进士中的前三名分别被称为状元、榜眼和探花。

乱下午安分的学生，我觉得现在受了无理的侮辱，我便挺身分辩了几句。这一下我可惹了祸，老先生把他的怒火都泼在我的头上了。他在讲台上来回地踱着，吸溜一下鼻涕，骂我一句，足足骂了我一个钟头，其中警句甚多，我至今还记得这样的一句：

×××你是什么东西？我一眼把你望到底！

这一句颇为同学们所传诵。谁和我有点争论遇到纠缠不清的时候，都会引用这一句"你是什么东西，我把你一眼望到底"。当时我看形势不妙，也就没有再多说，让下课铃结束了先生的怒骂。

但是从这一次起，徐先生算是认识我了。酒醒之后，他给我批改作文特别详尽。批改之不足，还特别地当面加以解释，我这一个"一眼望到底"的学生，居然成了一个受益最多的学生了。

徐先生自己选辑教材，有古文，有白话，油印分发给大家。《林琴南致蔡孑民书》是他讲得最为眉飞色舞的一篇。此外如吴敬恒[1]的《上下古今谈》，梁启超的《欧游心影录》，以及张东荪[2]的时事新报社论，他也选了不少。这样新旧兼收的教材，在当时还是很难得的开通的榜样。我对于国文的兴趣因此而提高了不少。徐先生讲国文之前，先要介绍作者，而且介绍得很亲切，例如他讲张东荪的文字时，便说："张东荪这个人，我倒和他一桌上吃过饭……"这样的话是相当地可以使学生们吃惊的。吃惊的是，我们的国文先生也许不是一个平凡的人吧，否则怎能和张东荪一桌上吃过饭！

徐先生介绍完作者之后，朗诵全文一遍。这一遍朗诵很有意思。他打着江北的官腔，咬牙切齿地大声读一遍，不论是古文或白话，一字不

---

[1] 吴敬恒：即吴稚晖（1865—1953），名眺，幼名纪灵，后名敬恒，字稚晖。江苏省武进人。近代思想家、政治家、教育家、书法家，台湾中央研究院院士。曾任国民党中央监察委员、国民政府委员等职。1963年获联合国"世界百年文化学术伟人"荣誉称号。

[2] 张东荪（1886—1973），原名张万田，字东荪，曾用笔名圣心，晚年自号独宜老人。浙江杭县（今浙江杭州）人。现代哲学家、政治活动家、政论家、报人。中国国家社会党、中国民主社会党领袖之一，曾任中国民盟中央常委、秘书长。86岁逝世于北京秦城监狱。

苟地吟咏一番，好像是演员在背台词，他把文字里蕴藏着的意义好像都宣泄出来了。他念得有腔有调，有板有眼，有情感，有气势，有抑扬顿挫，我们听了之后，好像已经理会到原文意义的一半了。好文章掷地作金石声，那也许是过分夸张，但必须可以朗朗上口，那却是真的。

徐先生最独到的地方是改作文。普通的批语"清通"①、"尚可"、"气盛言宜"，他是不用的。他最擅长的是用大墨杠子大勾大抹，一行一行地抹，整页整页地勾，洋洋千余言的文章，经他勾抹之后，所余无几了。我初次经此打击，很灰心，很觉得气短，我掏心挖肝地好容易诌出来的句子，轻轻地被他几杠子就给抹了。但是他郑重地给我解释，他说："你拿了去细细地体味，你的原文是软巴巴的，冗长，懈啦光唧的，我给你勾掉了一大半，你再读读看，原来的意思并没有失，但是笔笔都立起来了，虎虎有生气了。"我仔细一揣摩，果然。他的大墨杠子打得是地方，把虚泡囊肿的地方全削去了，剩下的全是筋骨。在这删削之间见出他的功夫。如果我以后写文章还能不多说废话，还能有一点点硬朗挺拔之气，还知道一点"割爱"的道理，就不能不归功于我这位老师的教诲。徐先生教我许多作文的技巧。他告诉我："作文忌用过多的虚字。"该转的地方，硬转；该接的地方，硬接。文章便显着朴拙而有力。他告诉我，文章的起笔最难，要突兀矫健，要开门见山，要一针见血，才能引人入胜，不必兜圈子，不必说套语。他又告诉我，说理说至难解难分处，来一个譬喻，则一切纠缠不清的论难都迎刃而解了，何等经济，何等手腕！诸如此类的心得，他传授我不少，我至今受用。

我离开先生已将近五十年了，未曾与先生一通音讯，不知他云游何处，听说他已早归道山了。同学们偶尔还谈起"徐老虎"，我于回忆他的音容之余，不禁地还怀着怅惘敬慕之意。

---

①清通：指文章层次清楚，文句通顺。南朝刘勰《文心雕龙·才略》有"循理而清通"句。

作者简介

梁实秋（1903—1987），原名梁治华，字实秋，号均默，笔名子佳、秋郎、程淑等，出生于

北京，祖籍浙江杭县（今余杭）。著名的学者、散文家、文学批评家、翻译家，国内第一个研究莎士比亚的权威。曾任国立东南大学教授、青岛大学外文系主任，及台湾师范大学外文系主任。

代表作《雅舍小品》《槐园梦忆》《梁实秋论文学》《英国文学史》《浪漫的与古典的》《偏见集》《秋室杂文》等，并翻译《莎士比亚全集》。

编辑缀语

文章一开始就为我们勾画了一个"鼻子眼睛嘴好像是过分地集中在脸上很小的一块区域里"，因作者"余生也晚"而竟没能赶得上看到老师袍子的整洁阶段的相貌古怪、生活邋遢的"徐老虎"形象。文笔幽默诙谐，让人忍俊不禁。这位老师竟还喜欢骂人，动辄勃然大怒，不可谓不新奇。作者因极小的错误，却引来老师一个钟头的骂，更是闻所未闻。按说对这么一个古怪老师，作者应该是憎恨恐惧的吧，可是不然，从字里行间都透露着作者对老师的怀念敬慕之情。老师自己选辑教材并为学生油印，所选文章又能新旧兼收，显示着他是个思想及其开通的人，而且讲课到动情处，更是眉飞色舞，陶醉其中。让人心中立刻浮现出他那有板有眼、掷地有声的朗诵场面。寥寥几笔，把一个优秀教师所具备的深厚功底和敬业精神，展现在读者面前。读完此文，大家心底会不会因"余生也晚"而没能赶得上做徐老虎的弟子，而有点小小的遗憾呢？

他很少说你，而喜欢
跟到你的位子上看看你，
这一看，会教人
感到说不出的惭愧。

范明枢先生

吴伯箫

像浴着晚秋的阳光，怀念范明枢[1]先生，我心里浮起的是无限的温暖情味。

七十六岁了，人们称他为"七六抗战老人"。人，的确也该相当老了吧，记得二十前，还是"五四"时代在曲阜师范当校长的时候，他的头发就已经斑白了，也蓄了短短的髭须。在作为一个学生的我的记忆里，他走路是微微耸着左肩，脚起脚落，身子也跟着轻轻摆动的。干净而稍稍陈旧的缎马褂，袖子很长很长。走路极缓慢，低着的头总仿佛时时在沉思。

范明枢

---

①范明枢（1866—1947），名昌麟，又名炳辰，字明枢。山东泰安人。曾留学日本，就读师范专科。回国后致力于教育事业，为民国初年"山东四大教育家"（另三位是鞠思敏、王祝晨、于明信）之一。

那时候，学校的校长不带课，星期一虽有"朝会"（还不叫"纪念周"），他也很少给我们讲话。只有当什么"名人"（曲阜是圣贤桑梓之地，年年总有人去浏览古迹）到学校参观的时候，他才出来介绍给大家讲演。每次讲的人讲完了，他上台作结论，记得无论讲演的人是康有为、梁启超……他的结论总是那样几句：

"……你们要好好地记住，不要只当一句话听！……"

他每天晚上查自习，总到得很晚很晚，在大家正以为"快下自习了，校长怕不来了吧？"刚要出去小便的时候，却往往在门口碰见就是他。他很少说你，而喜欢跟到你的位子上看看你，这一看，会教人感到说不出的惭愧。——他查自习，惯例走了又像忘记了什么再突然回来。所以同学们要等他二次打了回头才敢说话吵闹。若是他一出门就真的走了，那么自习室就会一直紧张到摇睡铃。

在学校他老像很悠闲，有点老子无为而治的风度。经常忙的是领导同学们种菜、莳花、栽树。他亲自掘土，亲自浇水。造成了风气，学校里便处处是花畦、菜圃、成行的树木了。学校东北角二亩大的污水池，是他计划着在旁边掘了井，种了藕，养起鱼来的。水边的芦苇，四周的垂柳，再加上砖石筑就的两列矮墙，造成了清幽的园圃风光。同学们每天傍晚在那里游散谈心，常常忽略了铃声的催促，忘记了学习的疲惫，直到池边磨电机的马达响了，树丛里的灯光和天上的明月展开着优美的夜景。

先生态度是和蔼的，学生群里也从没见他发过脾气，摆过架子。

"杨先生教的不好是啵？我已经把他辞退了。我说：'听说先生另有高就，那么下学期就请便吧，这地方实在太偏僻！'他还挽着袖子要同我打架呢。你看这样辞退他合适么？"

学期终了，他会随便抓住一个同学就这样谈起来。

可是他也有他的固执。——固执处令人想到方孝孺①，只要主意拿定了，就一定要坚持到底。

他主张学孟子"养吾浩然之气"，主张做"富贵不能淫，贫贱不能移，威武不能屈"的大丈夫。事事胸有成竹，却很少形于颜色，透露锋芒。不沽名，不钓誉，心安就好，人言无足轻重。……他是这样的一个人。

日子到了张宗昌②当督办，山东人的头上就没有太阳了。那时先生不愿意在那位状元厅长（王寿彭）底下教学生读经，投壶，于是就辞了师范学校职务，回家去种田。他是常常喜欢说"吾不如老农"那样的话的。一位继任校长，听说只焚烧先生任内图书馆藏的禁书，就烧开了澡堂里两锅洗澡水。也算"漪欤盛哉"③吧。这继任校长不是别人，就是到1938年后马良汉奸政府底下当教育厅长的郝某。

1931年，先生在济南乡村师范当图书馆管理员。那是一月只四十块钱的差事，势利一点看，以他的身份是不值一干的，然而他干了，并且干得很有兴致。在那年"双十节"学校举行的庆祝大会上，他登台讲话，摘了帽子的头，那时几乎完全秃了，他却精神矍铄地提高了嗓音说：

"……民国这个招牌已挂了二十年了，我们没看到什么民主，却一下失去了这样七百万方里的大好河山。……我不老，你们更年轻，我们应当大家努力！"

那时正是"九·一八"后，一席话曾给了当时的学生很大兴奋，很多激励，有的人都感动得哭了。从那以后，人家就称他"老青年"。他老，

①方孝孺（1357—1402），字希直，一字希古，号逊志。浙江宁海人。明代著名学者、文学家、散文家、思想家。"靖难之役"中，因拒绝为篡位的燕王朱棣草拟即位诏书，孤忠赴难，被诛十族。有《逊志斋集》。

②张宗昌（1881—1932），字效坤。山东掖县（今莱州市）人。奉系军阀，曾任山东省省长。1932年遭刺杀，身亡。

③漪欤盛哉：意思是"多么美好啊！多么盛大啊"。"漪欤"又可写作"猗欤"或者"猗与"。《诗经·周颂·潜》有"猗与漆沮，潜有多鱼"句，东汉郑玄注："猗与，叹美之言也。"

那时已六十八岁了，他年轻，心像二十多岁的人那样活泼有生气。他常常从那些寒苦的学生身上，偷偷地学习些新的东西，学生喜欢看的书，他也跟着喜欢看。起初还疑惑着："这些书有什么好处呢？"而他硬生生地钻研下去，慢慢地像豁然贯通了似的，在那些社会科学书里他发现了从来没听说过的真理，觉得津津有味了。学生开给他书目，他就照着购买，因此那学校所藏的图书成了进步青年们稀有的财富。四年后，我有机会到那个学校教学，还以一部分那些书籍（大部分被查抄了）继续了那学校的传统教育（那传统是优良的，凡受过济南乡师教育的学生，在抗战的洪流里大部分都成了巍然的柱石）。但，也是那些书籍，触着了反动势力的痛处，照到了"韩青天"[1]政府的黑影，于是先生被捕了。

听说是三月梢头，一个春天的夜里，下弦月照着白鹤庄的校舍，照着校外的小河，和河边的新柳。乡村的月亮是很幽美的。忽然村里掀起了狗咬，咬得很厉害。接着是砰砰的敲门声，咯咯啰啰的说话声。先生的老朋友鞠思敏，那时的乡师校长，被叫了起来，全校的人也大半都被惊醒了，但被莫名的恐怖笼罩着，除了几句简单的对话，是怕人的寂静：

"图书馆住的是谁？"

"是一位快七十岁的老先生。"

"就是他，老先生才更厉害。"

春天夜里还是很凉的，先生没穿好衣服就被绑了。连几个学生一起，集合在河边的操场上，他们当夜被运进了城里，押进了监狱。

"你不知道那些是赤化的书么？"

"不知道什么赤化，我看那些书说得很有道理，就愈看愈想看了。"

——审判的时候，有过这样的对话。

---

①韩青天：此处是讥讽韩复榘。1930年至1937年，韩复榘任山东省政府主席。

在狱里有人去看他，他说很舒服，坐它十年八年不要紧。反正"人生七十古来稀"，也是该死的时候了。

——他劝学生们应该学史可法[1]，而自比左光斗[2]。那故事他是常常讲给人听的。说明朝万历年间，进士左光斗，因为排斥宦官，被魏忠贤借故下狱。他的学生史可法扮作拾粪人去看他，扶着铁栏杆只是啼哭。左光斗因为酷刑熬煎，面额焦烂得已不能辨认了，屈膝倚墙坐在地上，左膝以下皮肉都已脱落，眼睛也血肉模糊睁不开来，等他听见呜咽声音，用手指拨开眼眦，认清是史可法的时候，就很生气地摸起地上刑械来打史可法，严责他："你看国家到了什么时候，你不知自励，为国尽忠，在这里哭些什么？哭死算得了什么英雄！不要管我，我也不稀罕你的探望，你能赤心保国，我就死可瞑目了……"就这一番话，才造成了史可法后来抵抗清兵，督师扬州的壮烈史迹。

结束那故事，先生往往说："那时还只左光斗下狱呵，可是现在连史可法也被捕了。"

先生的学生是很多的，在山东也有些说话"有力"的人。大家联名保他出来，那已是他受了半年铁窗生活的时候了。出狱那天，他对接他的人说："保我干什么呢？狱里生活我还没过够，这是大学，应该让我多学学，也好知道我到底犯了些什么罪过！……"

是的，他认为坐狱并不是耻辱，是光荣。他曾训诫他的儿子说："看你多没出息，你连被捕一次也没有，你今辈子会有什么成就呢！"——那是他剩下的唯一的一个儿子。三个大儿都是二十岁左右正当年富力强的时候死了的。一个学军事，一个学艺术，一个从事教育。都是他心爱的，然而都早死了。先生晚年，家境零落得很，三房寡妇儿媳，一个孙子，

---

[1] 史可法（1601—1645），字宪之，号道邻。河南开封人。明末抗清名将。在扬州抵抗清军，城破而亡。

[2] 左光斗（1575—1625），字共之，号浮丘，又号苍屿。安徽安庆府桐城县（今安徽省枞阳县）人。明代万历年间政治家、水利专家。因对抗宦官魏忠贤下狱，被折磨而死。

一个孙女而外，再说是那唯一的儿子了。孙子很聪明，很有志向。七岁的时候，看见人家开运动会跑长距离，他自己也瞒着祖父绕了操场跑圈子。往往累得满头大汗，见了人还偷偷的告诉："不要给爷爷说。"

1936年春天，我和济南乡村师范的学生去爬泰山，曾在一个料峭的清晨去访问就住在泰山脚下的先生的家。没想到七点去叩门还是迟了。他的那个小孙女伶俐地答着我的问话："爷爷六点钟就上山了。要找他就上山吧。"听了很令人惆怅，有"只在此山中，云深不知处"的感触。其实那时先生过的还不是什么隐逸生活，倒是一天跑到晚，很忙碌的。那时他正替冯焕章①先生在山上办了十多处小学，他是每天都要山上山下巡视一趟的。

泰山归来的次日，先生的信就来了。是一纸明信片，上边谆谆地写着：

> 年来山居僻处，日与松石为伍，都市风物，已成故实；若有青年朋友，相与话中外消息，岂非一太快事？不意与贤契②竟道中相左，噫，何缘之悭耶！……吾近于忙里讨生活，颇感乐趣。人世魑魅③，已不复置意。……
>
> 济南乡师吾旧游地也，荷塘稻田，菜圃茅屋，至今犹栩栩脑际。海棠院东南树下，为吾被捕处，贤契应亲往抚慰。问海棠树别来无恙不？办公室前之芍药牡丹，及杂花数种，皆吾自汝母校所亲手移植，今亦曾着花未？花畦甬路，亦吾手砌，贤契务善为修葺，勿使荒芜。……

那时我们已经八年不见了。读着那信，我有些鼻酸。不知是难过，还是欢喜。盖世事沧桑，正有无限的感慨啊！

---

① 冯焕章：即冯玉祥（1882—1948），字焕章，原名基善，生于直隶青县（今属河北沧州市），祖籍安徽巢县（今安徽巢湖）。中国国民革命军陆军一级上将，西北军阀。曾任国民政府军事委员会副委员长，中国国民党政治委员会主席。

② 贤契：书面敬语。是长辈对子侄辈的朋友或先生对门生弟子的称呼。

③ 魑魅：魑（chī）为山神，魅（mèi）为物精，泛指鬼怪，后常喻指坏人或邪恶势力。

1937年，卢沟桥事变的那年，也是春天，我因事路过泰安，又上山拜望先生一次。那时冯焕章已到南京去了，山上留下小学，烈士祠，苗圃果园数处，就都由先生经理主持。访谒先生是上崖下坡赶了几处小学才碰到的。远远地望见就招手，多少年没见，仿佛还认识。"××么？"叫着我当学生时的名字，只两个字就把我的眼泪唤出来了。不是悲哀，是喜悦。看着他精神的焕发，步履的稳健，声音的謦欬①爽利，谈笑的宏亮开扩，握手的时候，我说："老师愈老愈年轻了，比十五年前还健康！"谁能相信那时是七十三岁高龄的老人呢？作这耄耋的表证的只有那后脑勺上雪也似的白发，胡须短脞脞②的，剪得修齐修齐。一袭灰布便装罩着像一个四十岁中年人的身子。

那时我正在海边一个学校里同另一群青年人作伴，平日也只怕有暮气，只怕意识精神落在了青年人的后边，及至见到了先生，才晓得自己还是个孩子，怕什么呢？听了他老人家临别时嘱咐的话："人生是有味道的，要好好的干啊！"……十五里下山的坎坷路，我完全是跳着走的。

抗战第四年开头了。我又已经四年不见先生了。抗战期中先生是一直留在家乡的。在敌人踏入了山东、陷落了泰安的时候，我曾担心着先生的安全，挂虑着先生的健康。等看到远从故乡来的电讯，详细地描写着"七六抗战老人"当选为山东临时参议会议长的时候，我才知道我的担心和挂虑是多余的！听说在游击部队里他穿着土布军装完全像一名老兵。部队出发作战，他也一定要跟着。

"接火了，老先生还是回去吧。"

"不，让我来观战。"

枪声密了。机关枪格格格叫着，战斗激烈起来的时候，别人劝他："老先生请回吧，战斗很快就要结束了。"

"不，让我看着胜利的到来！"

---

①謦欬：此处为谈笑之意。音 qǐng kài。
②短脞脞：形容小的、细碎的。脞，音 cuǒ，琐碎。

就这样一种镇静的态度，一种从容自若的谈吐，像小孩子跟前的慈母一样，给了战士们以莫大的感染与鼓励。往往有他在跟前，便可以更快的解决战斗，更快的获得胜利——须知在生死场上，是七十六岁的白发老人啊！

战地里联络，鼓动，他是一个不折不扣的老百姓。他冲着敌人的封锁线走来走去，唤起了群众，团结了军队，人人喊他"老救星"。有时平稳的地方他和年轻人走在一起，人们怕他累着要替他雇一辆车子，他会很生气地说：

"你们想干什么？想把我挤出青年人的队伍么？"

别人正有些歉意的当儿，半天他又追加一句：

"这简直对我是一种侮辱！"

他爱青年，不是把青年只看做学生，而几乎是把青年看作先生。抗战初期，每次和年轻人一起开会，他都看成是一种学习，袖珍记事册里记着的就常是年轻人的意见。人们见他听人发言，那样细心，仿佛一个字都不舍得漏掉似的。有时一句话没听清楚，他往往在散会的时候，紧赶上那发言的人，谦逊地问道："你刚才说的什么？能不能再讲一遍我听听？……"

为这一切，我深深地怀念着这"老当益壮"的人民的议长，范明枢先生。

作者简介

吴伯箫（1906—1982），原名熙成，笔名山屋、山荪，出生于山东莱芜。著名文学家、教育家。曾任华北联合大学中文系副主任，东北大学

社会科学院副院长、文学院副院长，人民教育
出版社副社长兼副总编辑，中国作家协会文学
讲习所所长。

　　主要作品有《羽书》《烟尘集》《黑与红》
《潞安风物》《北极星》《出发集》《忘年》，及
《吴伯箫选集》等。

编辑缀语

　　作者的记忆中，范明枢校长"经常忙的是领导同学们种菜，莳花，
栽树。他亲自掘土，亲自浇水"，带领学生，把校园规划成景色优美的胜
地，以致"同学们每天傍晚在那里游散谈心，常常忽略了铃声的催促，
忘记了学习的疲惫，直到池边磨电机的马达响了，树丛里的灯光和天上
的明月展开着优美的夜景。"这有如武陵源的学校场景，读来令人神往。
范校长对待同学很有道家风范，而骨子里却是个"富贵不能淫，贫贱不
能移，威武不能屈"的方孝孺式的真正有骨气的大丈夫。虽然年近七十，
但他的心与二十多岁的人没有区别，还是不知疲倦地学习，生怕落在时
代的后面。拿着微薄的薪水当图书管理员，照着学生开的书目去购书，
因此获罪入狱后，仍然以左光斗自比，激励青年。这个乐观坚定的"老
青年"，怎能不受人爱戴呢。

他逐个地问着我家庭中的每一人。

这不是应酬敷衍，也不是一种噜苏，

是出于一种由衷的关切。

他不复是严峻的塾师，

倒是极温蔼的老人了。

私 塾 师

陆 蠡

今年的春天，我在一个中学里教书。学校的所在地是离我的故乡七八十里的山间，然而已是邻县了。这地方的形势好像畚箕的底，三面环山，前一面则是通海口的大路，这里是天然的避难所和游击战的根据地。学校便是为了避免轰炸，从近海的一个城市迁来的。

我来这里是太突兀。事前自己并未想到，来校后别人也不知道。虽则这地方离我家乡不远，因为山乡偏僻，从来不曾到过。往常，这一带是盗匪出没的所在，所以如没有什么要事，轻易不会跑到这山窝里来。这次我来这学校，一半是感于办学校的师友的盛意，另一半则是因为出外的路断了，于是我便暂时住下来。

这里的居民说着和我们很近似的乡音，房屋建筑形式以及风俗习惯都和家乡相仿。少小离乡的我，住在这边有一种异常的亲切之感。倘使我不是在外间羁绊着许多未了的职务，我真甘愿长住下去。我贪羡这和平的一个角落，目前简直是归隐了，没有访问，没有通信，我过着平淡而寂寞的日子。

有一天，一位同学走进我的房间，说是一位先生要见我。

这使我很惊讶。在这里，除了学校的同事外，我没有别的朋友。因为他们还不曾知道我，在这山僻地方有谁来找我呢？我疑惑着。我搜寻我的记忆，摸不着头脑，而这位先生已跨进来了。

他是一位年近六十的老人，一瞥眼我就觉得很熟识，可是一时想不起来。我连忙让座，倒茶，递烟，点火，我借种种动作来延长我思索的时间，我不便请教他的尊姓，因为这对于素悉的人是一种不敬。我仔细分析这太熟识的面貌上的每一条皱纹，我注意他的举止和说话的声音，我苦苦地记忆。忽然我叫起来：

"兰畦先生！"

见我惊讶的样子，他缓慢地说：

"还记得我吧？"

"记得记得。"

我们暂时不说话。这突如的会面使我一时找不出话端，我平素是那么木讷。我呆了好久。

兰畦先生是我幼年的私塾师[①]。正如他的典型的别号所表示，他代表一批"古雅"的人物。他也有着"古雅"的面孔：古铜色的脸，端正的鼻子，整齐的八字胡。他穿了一件宽大的蓝布长衫，外面罩上黑布马褂。头上戴一顶旧皮帽，着一双老布棉鞋。他手里拿了一根长烟管，衣襟上佩着眼镜匣子——眼镜平常是不用的——他的装束，是十足古风的。这种的装束，令人一望而知他是一个山里人，这往往成为轻薄的城里人嘲笑的题材，他们给他一个特别的名称"清朝人"，这便是"遗民"的意思。

他在我家里坐馆，是二十多年前的事。现在我想起私塾的情形，恍

[①]私塾师：即私塾先生。私塾是中国旧时教育体系中最基本的一环。一般而言，做私塾教师往往是命运不济的文人最重要的职业选择。1905年科举制度被废除，私塾师逐渐消亡。

如隔了一整个世纪。那时我是一个很小的孩子，父亲把他的希望和他的儿子关在一起，在一座空楼内，叫这位兰畦先生督教。我过的是多么寂寞的日子啊！白天不准下楼，写字读书，读书写字。兰畦先生对我很严厉：破晓起床，不洗脸读书；早饭后背诵，点句，读书，写字；午饭后也是写字，读书；天黑了给我做对仗，填字。夜间温课，熬过两炷香。

我读着佶屈聱牙①的句子，解说着自己不懂而别人也不懂的字义。兰畦先生有时还无理地责打我，呵斥我，我小小的心中起了反感和憎恨。我恨他的人，恨他的长烟管，恨他的戒尺，但我最恨的是他的朱笔，它点污了我的书，在书眉上记下日子，有时在书面上记下责罚。于是我便把写上难堪字样的书面揉烂。

陆蠡故居

自他辞馆后，我立意不再理睬他，不再认他做先生，不想见他的面。真的，当我从外埠的中学念书回来，对于他的严苛还未能加以原谅。

现在，他坐在我的面前，还是那副老样子。二十多年前的老样子。他微笑地望着，望着他从前责打过的孩子。这孩子长大了，而且也做了别人的教师。他在默认我的面貌。

"啊，二十多年了！"终于我说了出来。

"二十多年，你成了大人，我成了老人。"

"身体好么？"

"穷骨头从来不生病。我的父亲还在呢，九十左右了，仍然健步如飞。几时你可以看到他。"他引证他一家人都是有极结实的身体。

"真难得。我祖父在日，也有极健康的老年。"我随把他去世的事情

---

①佶屈聱牙：指文章深奥、费解。语出韩愈《进学解》："周诰殷盘，佶屈聱牙。"佶屈，形容曲折；聱牙，形容不顺口。

告诉他。

"他是被人敬爱的老人。你的父母都好么？"

"好。"

"姐妹们呢？"

"都好。"

他逐个地问着我家庭中的每一人。这不是应酬敷衍，也不是一种噜苏①，是出于一种由衷的关切。他不复是严峻的塾师，倒是极温蔼的老人了。随后我问他怎样会到这里来，怎会知道我，他微笑了。他一一告诉我，他原要到离此十几里的一个山村去，是顺路经过此地的。他说他是无意中从同学口里听到我在这里教书，他想看看隔了二十多年的我是怎个样子，看看我是否认得他。他说他看到我很高兴，又说他立刻就要动身，一面站起来告辞。

"住一两天不行么？"我挽留他。

"下次再有机会，现在我得走。"他伸手去取他的随身提篋②。

我望着这提篋，颇有几斤重量，而且去那边的山岭相当陡峻，我说："送先生去吧。"

"不必，不必。你有功课，我自己去。"他推辞着。他眉宇间却露出一种喜悦，是一种受了别人尊敬感觉到的喜悦。

我坚执要送他。我说好久不追随先生了，送一程觉得很愉快。我说我预备请一点钟假，因为上午我只有一课，随时可补授的。

窗外，站着许多同学，交头接耳地议论些什么，好像是猜测这位老先生和我的关系。

我站起来，大声地向他们介绍，说这位是我的先生，我幼年的教师。他现在要到某村去，我要送他。我预备请一点钟假。

同学中间起了窃窃的语声。看他们的表情，好像说："你有了这样的

---

① 噜苏：即啰唆，指言语絮叨，说话不干脆。多用于吴地方言。

② 篋：盛物之具，一般为上下结构，大曰箱，小曰篋。音 qiè。

一位教师，不见得怎么光荣。"

于是我又向他们介绍："这是我的先生。"

我们走了。出校门时，有几位同学故意问我到哪里去，送的是我的什么人，我特地大声回答，我送他到某村去，他是我的先生。

路上，我们有着琐碎的谈话。他问起我：

"你认得×××么？他做了旅长了。"

"不大认得。"

"××呢，他是法政大学毕业的，听说做了县长。"

"和我陌生。我没读过法政。"

"××，你应该认得的。"

"我的记性太坏。"

"××，你的同宗。"

"影像模糊，也许会过面。"

"还有××？"

"只知其名，未识其面。"

"那末你只记得我？"

"是的。记得先生。"

他微嘘一口气。好像得到一种慰藉。他，他知道，他是被人遗忘的一个。很少有人记得他，尊敬他的。他是一个可怜的塾师。

"如果我在家乡住久些，还想请先生教古文呢。从前念的都还给先生了。"我接着带笑说。

"太客气了。现在应该我向你请教了。"

这句并没有过分。真的，他有许多地方是该向我请教了。当他向我诉说他的家境的寒苦，他仍不得不找点糊口之方，私塾现在是取消了，他不得不去找一个小学教员的位置；他不得不丢开四书五经，拿起国语常识；他不得不丢下朱笔，拿起粉笔；他不得不离开板凳，站在讲台上；他是太老了，落伍了，他被人家轻视，嘲笑，但他仍不得不忍受这一切；

他自己知道不配做儿童教师，他所知道的新知识不见得比儿童来得多，但是他不得不哄他们，骗他们，把自己不知道的东西告诉他们；言下他似不胜感喟。

"现在的课本我真弄不来。有一次说到'咖啡'两字，我不知道这是什么东西。我只就上下文的意义猜说'这是一种饮料'，这对么？"

"对的。咖啡是一种热带植物的果实，可以焙制饮料，味香，有提神的功用。外国人日常喝的，我们在外边也常喝的。还有一种可可，和这差不多，也是一种饮料。"

"还有许多陌生字眼，我不知道怎么解释也不知怎么读。例如气字底下做个羊字，或是圣字，金旁做个乌字或白字，这不知是些什么东西？"

"这是一些化学名词，没读过化学的人，一时也说不清楚，至于读音，顺着半边去读就好了。"

他感慨了。他说到他这般年纪，是应该休息了。他不愿意坑害人家子弟，把错误的东西教给孩子们。他说他宁愿做一个像从前一样的塾师，教点《幼学琼林》或是《书经》《诗经》之类。

"先生是应该教古文而不该教小学的。"我说。

"是的，小学比私塾苦多了。这边的小学，每星期二三十点钟，一年的薪金只有几十块钱，自己吃饭。倒不如坐馆舒服得多！"

我知道这情形。在这山乡间，小学仍不过是私塾的另一个形式。通常一个小学只有一个教师，但也分成好几年级，功课也有许多门：国语，常识，算术，音乐，体操等。大凡进过中学念过洋书的年轻人，都有着远大的梦想，不肯干这苦职业，于是这被人鄙视的位置，只有失去了希望的老塾师们肯就。我的先生自从若干年前私塾制废除后，便在这种"新私塾"里教书了。

"现在你到××干什么呢？"我还不知道他去那边的目的。

"便是来接洽这里的小学位置哟！"好像十分无奈似的。忽然他指着我头上戴的帽子问：

"像这样的帽子要多少钱一顶？"

"大约五六块钱。"我回答。

"倘使一两块钱能买到便好了。我希望能够有一顶。"

"你头上的皮帽也很合适。"我说。

"天热起来了，还戴得住么？"

说话间我们走了山岭的一半。回头望望，田畴村舍，都在我们的脚下。他于是指着蟠腾起伏的峰岭和点缀在绿色的田野间的像雀巢般的村舍，告诉我那些村庄和山岭的名字。不久，我们踅过了山头。前面，在一簇绿色的树林中显露出几座白垩①墙壁。"到了。"他对我说，他有点微喘。我停住脚步，将手中提篮交给他，说我不进去，免得打扰人家。他坚持要我进去吃了午饭走，我固执地要回校。他于是吐出他最后的愿望，要我在假期中千万到他家去玩玩，住一宿，谈一回天，于他是愉快的。他将因我的拜访而觉得骄傲。他把去他家的路径指点给我，并描出他屋前舍后的景物，使我便于找寻，但我的脑里却想着他所说的帽子，我想如何能在冬季前寄给他。它应是如何颜色，如何大小，我把这些问得之后，回身下山走了。

我下山走。我心里有一种矛盾的想头：我想到这位老塾师，又想到他所教的一批孩子。"他没有资格教孩子，但他有生存的权利。"我苦恼了。我又想中国教育的基础，最高学府建筑在不健全的小学上，犹如沙上筑塔——我又联想到许多个人和社会的问题，忽然听到脑后有人喊。

"喂，向左边岔路走哪。"

原来我信步走错了一条路。这路。像个英文的Y字母，来时觉得无岔路，去时却是两条。我回头，望见我的先生，仍站在山头上，向我挥手。

"我认识路的，再见，先生。"我重向他挥手。

---

① 白垩：用作粉刷材料的一种白土，主要成分是碳酸钙。垩，音è。

作者简介

　　陆蠡（1908 — 1942），原名陆考源，字圣泉，笔名陆蠡、陆敏等，浙江天台人。现代散文家、翻译家。1926年考入之江大学。1936年后在上海文化生活出版社工作。1942年，遭日本宪兵队拘捕并杀害。

　　著有散文集《海星》《竹刀》《囚绿记》，翻译作品有屠格涅夫的《罗亭》、笛福的《鲁滨逊漂流记》、拉·封丹的《寓言诗》等。

编辑缀语

　　私塾师，这个延续了千年的教育群体，伴着兰畦先生的蹒跚身影，逐渐退出了历史舞台。面对新式的社会，新式的学校，时髦的名词，这位老派的私塾师已渐渐感到了力不从心，教了一辈子的《幼学琼林》或是《书经》《诗经》之类的古文，突然都不合时宜了，怎能不令他茫然？为教育奉献了青春，本到了该休息的年龄，却仍没有生活的保障，不能安享晚年。面临生存的压力，还不得不在乡间的小学教着不熟悉的"国语，常识，算术，音乐，体操等"，守着"被人鄙视的位置"。而年轻时教过的学生还能够记得自己，却让他心里稍感安慰。依时代看，他或许没有资格教孩子，他的内心也是"不愿意坑害人家子弟，把错误的东西教给孩子们"的，但在时代的激流中，他却有生存的权利。这是做教师的悲哀，也是中国传统社会转型现代化过程中必然产生的悲剧。同时，也是这篇描绘老师的散文与许多同类作品相较而不同凡响的地方。

回顾俞先生的一生，
我在一首悼念他的诗中说他平生略如
"清风明月，高山流水"。
这是他留在我心中的风仪。
我认为我对他这个比拟大致不差。

清风明月，高山流水

——我心中的俞平伯先生

吴组缃

　　俞平伯[①]先生过去了。他享有九十高龄。照中国的旧说法，应该说这是"顺事"，但是俞先生在我心目中占有特殊的位置，我还是不胜悲戚。

　　我在少年时候就读他的新诗《冬夜》《西还》等书，当时许多篇可以背得出来："养在缸中，栽在盆中，你的辛苦，我的欢欣。"像这样的诗句常常给我很大的感动和启发，因此我至

俞平伯

①俞平伯（1900—1990），原名俞铭衡，字平伯。出生于苏州，祖籍浙江湖州。著名红学家、散文家、诗人。著有《红楼梦辨》《红楼梦研究》《冬夜》及《俞平伯全集》等。

今还能记得这些诗句的大意。朱自清、俞平伯是五四运动的两位新作家、新诗人，他们的作品对广大青年有深刻的影响。我就是其中之一。

我在三十年代初，在清华读书的时候，俞先生是中文系的讲师。我要在这里说明，在我们那个时期，讲师和教授在我们脑子里是一样的崇高，没有什么高下。那时俞先生住在南院，他同余冠英①兄住处同院，我常到南院去。俞先生往往热情地要我到他屋里坐谈。谈的时候完全把我当成朋友，虽然我比他年小很多。我们上下古今无所不谈，而且他一点也没有把我当成学生看待。他主动地写条幅字给我。那时他同周作人②特别亲密，并代我向周作人要了四张屏条。他们的字都写得认真工整，可惜以后多次搬迁都丢掉了。他有个人特殊的爱好，就是喜欢唱昆曲。他请了一位年老的笛师，常常在星期假日全家人都到圆明园废墟去呆一整天。我很喜欢他们唱的曲子。以后清华请了溥侗③（红豆馆主）先生，开了教唱昆曲的课。我受俞先生的影响，也选了这门课。可溥先生对学生要求过严，我慢慢地就退下来了。俞先生知道了，也没有责备我。我选过俞先生两门课，一门是"词选"，他讲的内容绝不是考证和诠释词句，而是用他自己的感受引导我们来欣赏这些名作。比如李白的菩萨蛮"平林漠漠烟如织，寒山一带伤心碧"，我们问什么是"伤心碧"，他讲了足足有半堂课，引导我们体会作者的感情加上他自己的联想，使我们能在一个广阔的领域来体会作品丰富的情思。他的这些见解都收在他的《读词偶得》这本书里。他对我的重要影响，就是叫我拿起一种古代文学作

---

①余冠英（1906—1995），出生于江苏扬州。中国古典文学专家。曾任中国科学院文学研究所副所长、学术委员会主任、《文学遗产》杂志主编。著作有《乐府诗选注》《三曹诗选》《诗经选》《汉魏六朝诗选》《中国文学史》等。

②周作人（1885—1967），又名启明，笔名遐寿、岂明，号知堂，浙江绍兴人。现代著名散文家、文学理论家、评论家、翻译家，中国民俗学开拓人，新文化运动的杰出代表。鲁迅之弟。历任北京大学教授、东方文学系主任，燕京大学新文学系主任。著有《谈龙集》《艺术与生活》《雨天的书》《中国新文学的源流》《知堂回想录》《苦茶随笔》《周作人散文全集》《知堂文集》等。

③爱新觉罗·溥侗（1871—1952），字后斋，号西园，别号红豆馆主。精于古典文学和文物鉴赏，并通晓词章音律。与张伯驹、张学良、袁克文并称"民国四公子"。

品来总是先从鉴赏方面来探索，而对当时流行的考证或注释不怎么感兴趣。朱自清先生也说，"你不适宜做考证工作"。这不能不说当时是受俞先生的影响。有一次余冠英兄告诉我，他做了一首词，其中有一句"两瓣黄叶走墙荫"，自以为这句词很好。但俞先生说，好是好，可不入格。可见词是有"格"的。而我还没有学到这水平。

俞先生还给我们开了一门课"小说史"，就是"中国古代小说研究"。他的教法很特别，是把所有的有关资料，如鲁迅的"小说史略"，胡适的关于中国明清小说的考证，以及其他的零碎资料指定叫我们自己看，进行思考和研究。甚至同顾颉刚①、胡适之一封有关的通信也印发给我们参考。他自己要上课的话，就叫助教贴一张布告说俞先生那天上课。不贴布告，他就不上课。他上课的时候就说，"我两个星期没来上课了，你们对小说研究有什么收获？我这两个星期对小说得有两点想法：第一点是什么，第二点是什么"，说完了，他就点头下课，往往不过十五分钟或二十分钟。当时我们对俞先生这种教法是最欢迎的了。因为他安排我们和他一块儿来动脑筋，读作品，收集资料，研究作品，而不是把我们放在一个被动的受教的地位。

俞先生在北京文化界里，人人都知道他和周作人最亲密，而且很尊重周作人。可是在日本占领北京的时候，周作人被拉下水去。在这点上俞先生绝不受影响，他巍然自主，一心帮助北京做地下工作的，和爱国人士，从不考虑自己的安全，全力相助，使他们达到目的。这不能不叫人肃然起敬，设身处地，这是非常难能可贵的。解放以后，他衷心拥护共产党，对新中国的建立欢喜得像个小孩子一样。

1954年忽然来了个《红楼梦》研究批判，正是以他为主展开的，以后发展成为一个大规模的政治运动。这是大家都没想到的。那时，我们

---

①顾颉刚（1893—1980），名诵坤，字铭坚，号颉刚，江苏苏州人。现代著名历史学家、民俗学家，"古史辨"学派创始人，中国现代历史地理学和民俗学的开拓者。著有《三皇考》《汉代学术史略》《当代中国史学》《古史辨》《辨伪丛刊》等。

经常在一起开会，他像平常一样，不显出紧张和反感。他说："我正好趁此机会好好地学习。"第一次批判他，是在作家协会古典文学部，主持人是郑振铎①先生，他点我第一个发言。我把这次当成一个学术讨论会。因此，我对俞先生的《红楼梦》研究提了几点意见，对李希凡、蓝翎②两位的文章也提了几点意见，表示参加讨论的意思。当时有几位，都是我的熟人，狠狠地批判了我一顿，说我在唯物主义和唯心主义激烈战斗的时候，站在中间向两边打枪。休息的时候，我问郑先生，这是怎么回事，这是学术问题还是政治问题？郑先生笑着说，"你年轻的都不知道，我哪里知道。"可是周扬③同志坐在旁边，没有作声。他站起来同我握手，说我的发言很好。可见当时有些领导同志也不认为是政治问题。后来这个批判运动大大发展了，俞先生就说我不应该那样发言，也是思想落后。

回顾俞先生的一生，我在一首悼念他的诗中说他平生略如"清风明月，高山流水"。这是他留在我心中的风仪。我认为我对他这个比拟大致不差。

---

①郑振铎（1898—1958），出生于浙江温州，原籍福建长乐。作家、学者、文学史家、翻译家。著有《文学大纲》《中国文学论集》《插图本中国文学史》《中国俗文学史》等。

②李希凡：原名李锡范，字畴九。1927年生于北京通州，祖籍浙江绍兴。1953年毕业于山东大学。红学家，曾任中国艺术研究院常务副院长。蓝翎（1931—2005），原名杨建中，山东单县人。红学家。1953年毕业于山东大学。曾任中国红楼梦学会秘书长。1954年李希凡、蓝翎合写的《关于〈红楼梦简论〉及其它》，使"红学"研究上升为意识形态领域里的阶级斗争。

③周扬（1908—1989），原名周运宜，字起应，湖南益阳人。文艺理论家、文学翻译家、文艺活动家。曾任中共中央宣传部副部长、文化部副部长、中国社会科学院副院长、中国文联副主席、中国作协副主席等。著有《现实主义试论》《典型与个性》《关于国防文学》《艺术与现实的审美关系》等。

作者简介

吴组缃（1908—1994），原名吴祖襄，字仲华，安徽泾县人。现代小说家、散文家、古典文学研究家。曾任金陵女子文理学院教授、清华大学中文系主任、北京大学教授。

著有《一千八百担》《天下太平》《樊家铺》《鸭嘴涝》《说稗集》《宿草集》《拾荒集》《苑外集》《宋元文学史稿》及《吴组缃小说散文集》等。

编辑缀语

俞平伯与胡适并称"新红学派"的创始人。从作者的回忆中，可以知道俞先生上课，总是"循循然善诱人"，引导学生欣赏体会文学作品的美，而非枯燥的字典式的释义，极富感染力。"平林漠漠烟如织，寒山一带伤心碧"，"伤心碧"竟然能讲半堂课，怎能不令人向往。而俞平伯先生因《红楼梦》而受到批判时的那份淡然的态度，令人想到他"不敢掠人之美"的典故："文革"中，当俞平伯被诬为"反动权威"时，书生气十足的他不承认自己是"权威"，诚恳表白："我不是权威，我不够。"由此被视作顽固，受到加倍虐待。审问者令其交代："写过什么毒草？"俞平伯答道："我写过《红楼梦研究》。"对方没听清"研究"两个字，惊讶失声："啊，《红楼梦》是你写的？"俞平伯连连摇头："不不不，不敢掠人之美，《红楼梦》不是我写的！"一个有真性情的人，才能写出这么富有感情的文章。

幸而这座右铭还在，它使我能够常常对照，
确知自己在读古今大著和寻玩义理方面
都做得很差，惭愧而不敢自满。
如果这也可以算作收获，
总是熊先生最后的厚赐了。

坚信笃行的佛学家熊十力

张中行

　　熊十力①先生是我的老师，现在要谈他，真真感
到一言难尽。这一言难尽包括两种意思：一是事情
多，难于说尽；二是心情杂乱，难于说清楚。还是
五十年代，他由北京移住上海。其后政协开会，他两
度到北京来，先一次住在崇文门新侨饭店，后一次住
在西单民族饭店。这后一次，正是大家都苦于填不满
肚皮的时候，他留我在饭店饱餐一顿，所以至今记忆

熊十力

犹新。别后，我写过问候的信，也听到过一点点他的消息。大动乱来了，

---

　　①熊十力（1885—1968），原名继智、升恒，号子真、逸翁，晚号漆园老人，湖北黄冈人。
著名哲学家、国学大师，新儒家学派开山祖师。著有《新唯识论》《原儒》《体用论》《明心篇》
《佛教名相通释》《乾坤衍》等。

我在文斗武斗中浮沉三年，然后到朱元璋的龙兴之地①去接受改造。喘息之暇，也曾想到年过八旬的老人——自然只能想想。放还之后，七十年代中期曾到南京及苏杭等地漫游，想到上海看看而终于没有敢去，主要是怕登门拜谒而告知的是早已作古。再稍后，忘记听谁说，确是作古了，时间大概是六十年代末期。想到民族饭店的最后一面，想到十几年，我挣扎喘息而竟没有写三言两语去问候，真是既悔恨又惭愧。

　　我最初见到熊先生是三十年代初期，他在北京大学讲佛学，课程的名字是"新唯识论"吧。选这门课的人很少。我去旁听几次，觉得莫测高深，后来就不去了。交往多是四十年代后期，他由昆明回来，住在北京大学红楼后面，我正编一种佛学期刊，请他写文章，他写了连载的《读智论抄》。解放以后，他仍在北京大学，可是不再任课，原因之小者是年老，大者，我想正如他自己所说，他还是唯心论。其时他住在后海东端银锭桥②南一个小院落里，是政府照顾，房子虽不很多，却整齐

银锭桥

洁净。只他一个人住，陪伴他的是个四川的中年人，无业而有志于佛学，因为尊敬老师，就兼做家务劳动。我的住所在后海北岸，离银锭桥很近，所以晚饭后就常常到熊先生那里去，因而关于熊先生，所知就渐渐多起来。

　　早年的事当然不便多问，但听说革过命，后来不知由于什么，竟反

---

　　①龙兴之地：此处指朱元璋的家乡安徽凤阳。1968年，作者曾被下放到安徽凤阳干校劳动改造。

　　②银锭桥：位于北京西城区什刹海的前、后海之间的水道上。因形似银锭故称银锭桥。为燕京小八景之一。现桥为1984年拆除重建。

坚信笃行的佛学家熊十力/张中行 **071**

班定远①之道而行，投戎从笔，到南京欧阳竟无②大师那里学佛学。治学，也像他的为人一样，坚于信而笃于行，于是写了《新唯识论》。"唯识"前加个"新"字，自己取义是精益求精。可是由信士看来却是修正主义，用佛门的话说是"外道"。于是有人作《破新唯识论》而攻之。熊先生不是示弱人物，于是作《破破新唯识论》而答之。混战的情况可以不管，且说熊先生的佛学著作，我见到的还有《佛家名相通释》，我原来有，大动乱中也失落了。他这一阶段的学识，信士看是不纯。后来，五十年代前后就变本加厉，张口真如，闭口大易，成为儒释合一，写了《原儒》《明心篇》《体用论》等书。我没有听到信士的评论，也许视为不可救药，与之"不共住"了吧？严厉的评论是来自另一方面，即批林批孔时期，见诸文件，说他是吹捧孔老二的人。

尊重熊先生不妄语的训诫，对于老师的学识，我不得不说几句心里话。熊先生的治学态度、成就，我都很钦佩。至于结论，恕我不能不怀疑。这问题很复杂，不能细说，也不必细说。我是比熊先生的外道更加外道的人，总是相信西"儒"罗素③的想法，现时代搞哲学，应该以科学为基础，用科学方法。我有时想，二十世纪以来，"相对论"通行了，有些人在用大镜子观察河外星空，有些人在用小镜子寻找基本粒子，还有些人在用什么方法钻研生命，如果我们还是纠缠体用的关系，心性的底里，这还有什么意义吗？——应该就此打住，不然，恐怕真要对老师不敬了。

还是撇开这玄虚干燥的玩意儿，专说熊先生的为人。记得熊先生在《十力语要》里说过，哲学，东方重在躬行。这看法，专就"知"说，很精。熊先生的可贵是，凡有所知所信必能"行"。这表现在生活的各个方

①班定远：即班超（32—102），字仲升，扶风郡平陵县（今陕西咸阳东北）人。东汉著名军事家。投笔从戎，平定西域各国，立下丰功，被封定远侯。

②欧阳竟无：即欧阳渐（1871—1943），字竟无，江西宜黄人。近代著名佛学居士。有著作《竟无内外学》三十余卷。

③罗素（1872—1970），英国哲学家、逻辑学家、历史学家、文学家，分析哲学的主要创始人。1920年，曾到中国北京讲学一年。主要作品有《西方哲学史》《哲学问题》《心的分析》等。

面。以下谈一些琐细的，一般人会视为怪异的事，或者可以算作轶事吧。

他是治学之外一切都不顾的人，所以住所求安静，常常是一个院子只他一个人住。三十年代初期，他住在沙滩银闸路西一个小院子里，门总是关着，门上贴一张大白纸，上写：近来常常有人来此找某某人，某某人以前确是在此院住，现在确是不在此院住。我确是不知道某某人在何处住，请不要再敲此门。看到的人都不禁失笑。五十年代初期他住在银锭桥，熊师母在上海，想到北京来住一个时期，顺便逛逛，他不答应。我知道此事，婉转地说，师母来也好，这里可以有人照应，他毫不思索地说："别说了，我说不成就是不成。"师母终于没有来。后来他移住上海，是政协给找的房，仍然是孤身住在外边。

不注意日常外表，在我认识的前辈里，熊先生是第一位。衣服像是定做的，样子在僧与俗之间。袜子是白布的，高筒，十足的僧式。屋里木板床一，上面的被褥等都是破旧的。没有书柜，书放在破旧的书架上。只有两个箱子，一个是柳条编的，几乎朽烂了。另一个铁皮的，旧且不说，底和盖竟毫无联系。且说这个铁箱，他回上海之前送我了，七十年代我到外地流离，带着它，返途嫌笨重，扔了。

享用是这样不在意，可是说起学问，就走向另一极端，过于认真。他自信心很强，简直近于顽固，在学术上决不对任何人让步。写《破破新唯识论》的事，上面已经说过。还可以举一件有意思的。四十年代晚期，废名①（冯文炳）也住在红楼后面，这位先生本来是搞新文学的，后来迷上哲学，尤其是佛学。熊先生是黄冈人，冯是黄梅人，都是湖北佬，如果合唱，就可以称为"二黄"。他们都治佛学，又都相信自己最正确，可是所信不同，于是而有二道桥（熊先生三十年代的一个寓所，在地安门内稍东）互不相下，以至于动手的故事。这动手的武剧，我没有看见，

---

①废名（1901—1967），原名冯文炳，生于湖北黄梅。曾为语丝社成员，师从周作人，为"京派文学"的代表作家。有《竹林的故事》《桥》《莫须有先生传》《莫须有先生坐飞机以后》等作品。

可是有一次听到他们的争论。熊先生说自己的意见最对，凡是不同的都是错误的。冯先生答："我的意见正确，是代表佛，你不同意就是反对佛。"真可谓"妙不可酱油"。我忍着笑走了。

对于弟子辈，熊先生就更不客气了，要求严，很少称许，稍有不合意就训斥。据哲学系的某君告诉我，对于特别器重的弟子，他必是常常训斥，甚至动手打几下。我只受到正颜厉色的训导，可证在老师的眼里是宰予①一流人物。谈起训斥，还可以说个小插曲。一次，是热天的过午，他到我家来了，妻恭敬地伺候，他忽然看见窗外遮着苇帘，严厉地对妻说："看你还聪明，原来糊涂。"这突如其来的训斥使妻一愣，听下去，原来是阳光对人有益云云。

在一般人的眼里，熊先生是怪人。除去自己的哲学之外，几乎什么都不在意。信与行完全一致，没有一点曲折，没有一点修饰；以诚待人，爱人以德。这些都做得突出，甚至过分，所以确是有点怪。但仔细想想，这怪，与其说是不随和，无宁说是不可及。就拿一件小事说吧，夏天，他总是穿一条中式白布裤，上身光着，无论来什么客人，年轻的女弟子，学界名人，政界要人，他都是这样，毫无局促之态。这我们就未必成。他不改常态，显然是由于信道笃，或说是真正能"躬行"。多少年来，我总是怀着"虽不能之而心向往之"的心情同他交往。他终于要离开北京，我远离严师，会怎么样呢？我请他写几句话，留作座右铭，他写："每日于百忙中，须取古今大著读之。至少数页，毋间断。寻玩义理，须向多方体究，更须钻入深处，勿以浮泛知解为实悟也。甲午十月二十四日于北京什刹海寓写此。漆园老人。"并把墙上挂的一幅他自书的条幅给我，表示惜别。这条幅，十年动乱中与不少字轴画轴一同散失。幸而这座右铭还在，它使我能够常常对照，确知自己在读古今大著和寻玩义理方面

---

①宰予（前522—前458），字子我，亦称宰我，春秋末鲁国人。孔子著名弟子之一。因擅长辞辩，在《论语·先进》篇中被孔子许为"孔门十哲"之"言语"科首位，排在子贡前。他常受训斥，孔子名言"朽木不可雕"即说的是宰予。

都做得很差，惭愧而不敢自满。如果这也可以算作收获，总是熊先生最后的厚赐了。

作者简介

张中行（1909—2006），原名张璇，学名张璿，字仲衡。河北省香河县人。著名学者、哲学家，散文家。1935年，毕业于北京大学中文系，并改名为"中行"。他与季羡林、金克木、邓广铭被称为"未名四老"。

作品有《文言常识》《佛教与中国文学》《负暄琐话》《负暄续话》《负暄三话》《禅外说禅》《顺生论》《横议集》《月旦集》《流年碎影》《散简集存》等。

编辑缀语

熊十力自幼即与众不同，独具才思而又非常自尊、自信，他的故事太多了，就如作者所言"现在要谈他，真真感到一言难尽。这一言难尽包括两种意思：一是事情多，难于说尽；二是心情杂乱，难于说清楚"。暂撇开熊先生的佛学造诣和那些高深的理论，只说其为人的"怪异"。除了治学之外，对其余丝毫不在意，表里如一，没有一点曲折和修饰，言行一致，这是一个学者最令人尊敬的品质了。恐怕正因为他的内心坦荡，无欲无求，才能做到以诚待人，爱人以德吧。坚于信而笃于行，熊先生是真正的君子。在那个不正常的年代，正常的人都懂得人情世故，而熊先生却智及而仁守，因反对"文革"，绝食身亡。

当时，我和一个高大的洋人

在大街上说外国语，自觉惹眼。

他却满不理会，有说有笑，旁若无人。

我和他告别，他还依依不舍，

仔细问了我的新住址，记在小本子上。

我把他送过街，急忙转身走开。

纪念温德先生

杨　绛

温德（Robert Winter）①先生享年百岁，无疾而终。

五十多年前，我肄业清华研究院外文系，曾选修温德先生的法国文学课（他的专业是罗曼语系文学）。钟书在清华本科也上过他两年课。1949年我们夫妇应清华外文系之邀，同回清华。我们拜访了温德先生。他家里陈设高雅，院子里种满了花，屋里养五六只暹罗猫，许多青年学生到他家去听音乐，吃茶点，看来他生活得富有情趣。当时，温先生的老友张奚若②先生、

① 罗伯特·温德（Robert Winter，1887—1987），祖籍法国，在美国出生，后留学法国。在芝加哥大学任教期间，结识闻一多，并到中国东南大学、清华大学任教。1952年院系调整后，在北京大学执教。

② 张奚若（1889—1973），字熙若，自号耘，陕西大荔县朝邑镇人。著名的民主人士、社会活动家、政治学家。著有《主权论》《社约论考》《法国人权宣言的来源问题》《卢梭与人权》《自然法则之演进》等。

吴晗[①]同志等还在清华院内，周培源[②]、金岳霖[③]先生等都是学校负责人。据他们说：温先生背着点儿"进步包袱"，时有"情绪"。我们夫妇是他的老学生，他和钟书两人又一同负责研究生指导工作，我们该多去关心他，了解他。我们并不推辞。不久，钟书调往城里工作，温先生就由我常去看望。

温先生的"情绪"只是由孤寂而引起的多心，一经解释，就没有了。他最大的"情绪"是不服某些俄裔教员所得的特殊待遇，说他们毫无学问，倒算"专家"，月薪比自己所得高出几倍。我说："你凭什么和他们比呢？你只可以跟我们比呀。"这话他倒也心服，因为他算不得"外国专家"，他只相当于一个中国老知识分子。

据他告诉我：他有个大姐九十一岁了，他是最小的弟弟，最近大姐来信，说他飘零异国，终非了局，家里还有些产业，劝他及早回国。我问："你回去吗？"温先生说："我是美国黑名单上的人，怎能回去。况且我厌恶美国，我不愿回去。我的护照已过期多年，我早已不是美国人了。"我听说他在昆明西南联大的时候，跟着进步师生游行反美。抗美援朝期间，他也曾公开控诉美国。他和燕京大学的美籍教师都合不来。他和美国大使馆和领事馆都绝无来往。换句话说，他是一个丧失了美国国籍的人，而他又不是一个中国人。

据温先生自己说：他是吴宓[④]先生招请到东南大学去的，后来他和

---

①吴晗（1909—1969），原名吴春晗，字伯辰，浙江义乌人。著名历史学家。曾任云南大学、西南联合大学、清华大学教授，北京市副市长。"文革"期间在狱中自杀。作品有《朱元璋传》《明史简述》《读史札记》《历史的镜子》《海瑞罢官》等。

②周培源（1902—1993），江苏宜兴人。流体力学家、理论物理学家、教育家。曾任清华大学物理系教授、北京大学校长、中国科学院副院长。

③金岳霖（1895—1984），字龙荪，出生于湖南长沙，祖籍浙江绍兴。哲学家、逻辑学家。曾任清华大学哲学系主任、文学院院长，北京大学哲学系教授、系主任。著有《论道》《逻辑》《知识论》等。

④吴宓（1894—1978），字雨僧、玉衡，笔名余生，陕西省泾阳县人。现代著名西方文学研究家、国学大师、诗人。清华大学国学院创办人之一，被称为"中国比较文学之父"。著作有《吴宓诗文集》《文学与人生》《吴宓日记》《空轩诗话》等。

吴宓先生一同到了清华，他们俩交情最老。他和张奚若先生交情也很深。我记得他向我谈起闻一多先生殉难后，他为张奚若先生的安全担忧，每天坐在离张家不远的短墙上遥遥守望。他自嘲说："好像我能保护他！"国民党在北京搜捕进步学生时，他倒真的保护过个别学生。北京解放前，吴晗、袁震夫妇是他用小汽车护送出北京的。

温先生也许是最早在我国向学生和同事们推荐和讲述英共理论家考德威尔（Christopher Caudwell）名著《幻象和现实》（Illusion and Reality）的人。有一个同事在学生时代曾和我同班上温先生的课，他这时候一片热心地劝温先生用马列主义来讲释文学。不幸他的观点过于褊狭，简直否定了绝大部分的文学经典。温先生很生气，对我说："我提倡马克思主义的时候，他还在吃奶呢！他倒来'教老奶奶喂鸡蛋'！"我那位同事确是过"左"些，可是温先生以马克思主义前辈自居，也许是所谓背了"进步包袱"。

三校合并，温德先生迁居朗润园①一隅，在荷塘旁边，吴晗同志花三百元买了肥沃的泥土，把温先生屋外的院子垫高一厚层。温先生得意地对我说，"你知道吗？这种泥土，老农放在嘴里一嚼就知道是好土，甜的！"好像他亲自尝过。他和种花种菜的农民谈来十分投合。他移植了旧居的花圃，迁入新居。他和修屋的工人也交上朋友，工人们出于友情，顺着他的意思为他修了一个天窗。温先生夏天到颐和园游泳，大概卖弄本领（如仰卧水面看书），吸引了共泳的解放军。他常自诩"我教解放军游泳"，说他们浑朴可亲。

温先生有一两位外国朋友在城里，常进城看望。他告诉我们他结识一位英国朋友，人极好。他曾多次说起他的英国朋友。那时候，我们夫妇已调到文学研究所，不和温先生同事了。

1955年"肃反"运动，传闻温先生有"问题"，我们夫妇也受到"竟

---

①朗润园：坐落于北京大学校内，旧称春和园，为乾隆十七子庆亲王永璘的赐园。咸丰年间，转赐恭亲王奕䜣，始名朗润园。

与温德"为友的指摘。我们不得不和他划清界限。偶尔相逢，也不再交谈，我们只向他点个头，还没做到"站稳立场"，连招呼也不打。后来知道他已没有"问题"，但界限既已划清，我们也不再逾越了。

转眼十年过去。1966年晚春，我在王府井大街买东西，正过街，忽在马路正中碰到扶杖从对面行来的温德先生。他见了我喜出意外，回身陪我过街，关切地询问种种琐事。我们夫妇的近况他好像都知道。他接着讲他怎样在公共汽车上猛摔一跤，膝盖骨粉碎，从此只能在平地行走，上不得楼梯了。当时，我和一个高大的洋人在大街上说外国语，自觉惹眼。他却满不理会，有说有笑，旁若无人。我和他告别，他还依依不舍，仔细问了我的新住址，记在小本子上。我把他送过街，急忙转身走开。

不久爆发了"文化大革命"。温德先生不会不波及，不过我们不知道他遭遇的详情。十一届三中全会后，忽报载政府招待会上有温德教授，我们不禁为他吐了一口气，为他欣喜，也为他放心。温先生爱中国，爱中国的文化，爱中国的人民。他的好友里很多是知名的进步知识分子。他爱的当然是新中国，可是几十年来，他只和我们这群旧社会过来的知识分子"共甘苦、同命运"，这回他终于得到了我们国家的眷顾。

去年，我偶逢戴乃迪女士②，听说她常去看望温德，恍然想到温先生所说的英国好友，谅必是她。我就和她同去看温先生。自从王府井大街上偶然相逢，又二十年不见了。温先生见了戴乃迪女士大为高兴，对我说："这是我最好的朋友！"我猜得显然不错。至于我，他对我看了又看，却怎么也记不起我了。

一九八七年一月

①戴乃迪：又译为戴乃迭（1919—1999），原名格拉蒂丝·玛格丽特·泰勒（Gladys Margaret Taylor），生于北京一个英国传教士家庭，自幼喜欢中国文化。后与杨宪益结婚，并合作翻译出版了《楚辞》《史记选》《长生殿》《儒林外史》《鲁迅选集》《太阳照在桑干河上》《暴风骤雨》《红楼梦》等大量中国的优秀文学作品。

作者简介

杨绛（1911—2016），原名杨季康，江苏无锡人。著名作家、文学翻译家和外国文学研究家，钱钟书夫人。毕业于苏州东吴大学，后留学英、法等国。

主要作品有剧本《称心如意》《弄真成假》《风絮》，小说《倒影集》《洗澡》，评论集有《春泥集》《关于小说》，散文集《将饮茶》《干校六记》《我们仨》《走到人生边上》，译作《小癞子》《吉尔·布拉斯》《堂·吉诃德》等。

编辑缀语

温德先生的一生都献给了中国的教育，他的学生更是桃李满天下。本文的作者杨绛与曹禺、李健吾、赵萝蕤、杨业治、吴达元、李赋宁、王佐良、何兆武、季羡林等，都是先生的高足。正如作者所说"温先生爱中国，爱中国的文化，爱中国的人民"，"可是几十年来，他只和我们这群旧社会过来的知识分子共甘苦、同命运"。他那力所能及保护学者的仗义行为，他那对人夸赞自家院落里的泥土的得意神态，令人感动。这么一位丧失了美国国籍，不愿回国的"中国老知识分子"，终于得到了我们国家的眷顾，尊敬他的人怎能不为他吐一口气呢。"文革"中温德先生也受了牵连，好在他熬了过来，他毕竟在我们的国土上得到了一丝温暖与人情。他是无疾而终的，又让人松了一口气。

我突然听到这几句上言不搭下语
而又比拟不恰的话，立刻懵住了，
稍微一想，几乎掉下泪来。
老人这时竟像一个小孩，
看到自己浇过水的一棵小草，结了籽粒，
便喊人来看，说要结桃李了。

夫子循循然善诱人

启　功

　　陈垣①先生是近百年的一位学者，这是人所共知的。他在史学上的贡献，更是国内国外久有定评的。我既没有能力一一叙述，事实上他的著作俱在，也不待这里多加介绍。现在当先生降诞百年，又是先生逝世第十年之际，我以亲受业者心丧之余，回忆一些当年受到的教导，谨追述一些侧面，对于今天教育工作者来说，仍会有所启发的。

　　我是一个中学生，同时从一位苏州的老学者戴姜福先生读书，学习"经史辞章"范围的东西，作古典诗文的基本训练。因为生活困难，等不得逐步升学，1933年由我祖父辈的老世交傅增湘先生拿着我的作业去介

---

　　①陈垣（1880—1971），字援庵，又字圆庵，广东新会人。著名历史学家、宗教史学家、教育家。北京大学、北京师范大学、辅仁大学的教授，曾任辅仁大学校长、北京师范大学校长、中国科学院历史研究所第二所所长。主要著述有《元西域人华化考》《校勘学释例》《史讳举例》《通鉴胡注表微》及《陈垣学术论文集》等。

绍给陈垣先生，当然意在给我找一点谋生的机会。傅老先生回来告诉我说："援庵说你写作俱佳。他的印象不错，可以去见他。无论能否得到工作安排，你总要勤向陈先生请教。学到做学问的门径，这比得到一个职业还重要，一生受用不尽的。"我谨记着这个嘱咐，去见陈先生。初见他眉棱眼角肃穆威严，未免有些害怕。但他开口说："我的叔父陈简墀和你祖父是同年翰林，我们还是世交呢！"其实陈先生早就参加资产阶级革命，对于封建的科举关系焉能那样讲求？但从我听了这句话，我和先生之间，像先拆了一堵生疏的墙壁。此后随着漫长的岁月，每次见面，都给我换去旧思想，灌注新营养。在今天如果说予小子[①]对文化教育事业有一滴贡献，那就是这位老园丁辛勤灌溉时的汗珠。

一、怎样教书

我见了陈老师之后不久，老师推荐我在辅仁大学附属中学教一班"国文"。在交派我工作时，详细问我教过学生没有？多大年龄的，教什么，怎么教？我把教过家馆的情形述说了，老师在点点头之后，说了几条"注意事项"。过了两年，有人认为我不够中学教员的资格，把我解聘。老师知后便派我在大学教一年级的"国文"。老师一贯的教学理论，多少年从来未间断地对我提醒。今天回想，记忆犹新，现在综合写在这里。老师说：

1. 教一班中学生与在私塾屋里教几个小孩不同，一个人站在讲台上要有一个样子。人脸是对立的，但感情不可对立。

2. 万不可有偏爱、偏恶，万不许讥诮学生。

3. 以鼓励夸奖为主。不好的学生，包括淘气的或成绩不好的，都要尽力找他们一小点好处，加以夸奖。

4. 不要发脾气。你发一次，即使有效，以后再有更坏的事件发生，

---

①予小子：书面语，古人面对先人或长辈的自我谦称，即"我这小子"。予，我。《诗经·周颂》有《闵予小子》篇，《论语·尧曰》有"予小子履"句。

又怎么发更大的脾气？万一发了脾气之后无效，又怎么下场？你还年轻，但在讲台上即是师表，要取得学生的佩服。

5. 教一课书要把这一课的各方面都预备到，设想学生会问什么。陈老师还多次说过，自己研究几个月的一项结果，有时并不够一堂时间讲的。

6. 批改作文，不要多改，多改了不如你替他做一篇。改多了他们也不看。要改重要的关键处。

7. 要有教课日记。自己和学生有某些优缺点，都记下来，包括作文中的问题，记下以备比较。

8. 发作文时，要举例讲解。缺点尽力在堂下个别谈；缺点改好了，有所进步的，尽力在堂上表扬。

9. 要疏通课堂空气，你总在台上坐着，学生总在台下听着，成了套子。学生打呵欠，或者在抄别人的作业，或看小说，你讲的多么用力也是白费。不但作文课要在学生坐位行间走走。讲课时，写了板书之后，也可下台看看。既回头看看自己板书的效果如何，也看看学生会记不会记。有不会写的或写错了的字，在他们坐位上给他们指点，对于被指点的人，会有较深的印象，旁边的人也会感觉兴趣，不怕来问了。

这些"上课须知"，老师不止一次地向我反复说明，唯恐听不明，记不住。

老师又在楼道里挂了许多玻璃框子，里边随时装入一些各班学生的优秀作业。要求有顶批，有总批，有加圈的地方，有加点的地方，都是为了标志出优点所在。这固然是为了学生观摩的大检阅、大比赛，后来我才明白也是教师教学效果、批改水平的大检阅。

我知道老师并没搞过什么教学法、教育心理学，但他这些原则和方法，实在符合许

陈垣

多教育理论，这是从多年的实践经验中辛勤总结得出来的。

二、对后学的诱导

陈老师对后学因材施教，在课堂上对学生用种种方法提高他们的学习兴趣；在堂下对后学无论是否自己教过的人，也都抱有一团热情去加以诱导。当然也有正面出题目、指范围、定期限、提要求的时候，但这是一般师长、前辈所常有的、共有的，不待详谈。这里要谈的是陈老师一些自身表率和"谈言微中"①的诱导情况。

陈老师对各班"国文"课一向不但是亲自过问，每年总还自己教一班课。各班的课本是统一的，选哪些作品，哪篇是为何而选，哪篇中讲什么要点，通过这篇要使学生受到哪方面的教育，都经过仔细考虑，并向任课的人加以说明。学年末全校的一年级"国文"课总是"会考"，由陈老师自己出题，统一评定分数。现在我才明白，这不但是学生的会考，也是教师们的会考。

启功书北京师范大学校训

我们这些教"国文"的教员，当然绝大多数是陈老师的学生或后辈，他经常要我们去见他。如果时间隔久了不去，他遇到就问："你忙什么呢？怎么好久没见？"见面后并不考查读什么书，写什么文等等，总是在闲谈中抓住一两个小问题进行指点，指点的往往是因小见大。我们每见老师总有新鲜的收获，或发现自己的不足。

我很不用功，看书少，笔懒，发现不了问题，老师在谈话中遇到某些问题，也并不尽关史学方面的，总是细致地指出，这个问题可以从什么角度去研究探索，有什么题目可做，但不硬出题目，而是引导人发生兴趣。有时评论一篇作品或评论某一种书，说它有什么好处，但还有什

---

①谈言微中：言辞精妙委婉，透彻入微，切中要害。出自《史记·滑稽列传》："谈言微中，亦可以解纷。"

么不足处。常说，"我们今天来做，会比它要好"，说到这里就止住。好处在哪里，不足处在哪里，怎样做就比它好？如果我们不问，并不往下说。我就错过了许多次往下请教的机会。因为绝大多数是我没读过的书，或者没有兴趣的问题。假如听了之后随时请教，或回去赶紧补读，下次接着上次的问题尾巴再请教，岂不收获更多？当然我也不是没有继续请教过，最可悔恨的是请教过的比放过去的少得多！

陈老师的客厅、书房以及住室内，总挂些名人字画，最多的是清代学者的字，有时也挂些古代学者字迹的拓片。客厅案头或沙发前的桌上，总有些字画卷册或书籍，这常是宾主谈话的资料，也是对后学的教材。他曾用三十元买了一开章学诚①的手札，在三十年代买清代学者手札墨迹，这是很高价钱了。但章学诚的字，写得非常拙劣，老师把它挂在那里，既备一家学者的笔迹，又常当作劣书的例子来警告我们。我们去了，老师常指着某件字画问："这个人你知道吗？"如果知道，并且还说得出一些有关的问题，老师必大为高兴，连带地引出关于这位学者和他的学问、著述种种评价和介绍。如果不知道，则又指引一点头绪后就不往下再说，例如说，"他是一个史学家"就完了。我们因自愧没趣，或者想知道个究竟，只好去查有关这个人的资料。明白了一些，下次再向老师表现一番，老师必很高兴。但又常在我的棱缝中再点一下，如果还知道，必大笑点头，我也像考了个满分，感觉自傲。如果词穷了，也必再告诉一点头绪，容回去再查。

老师最喜欢收学者的草稿，细细寻绎他们的修改过程。客厅桌上常摆着这类东西。当见我们看得发生兴趣时，便提出问题说："你说他为什么改那个字？"

老师常把自己研究的问题向我们说，什么问题，怎么研究起的。在

---

①章学诚（1738—1801），原名文镳、文酕，字实斋，号少岩，浙江绍兴人。清代杰出史学家和思想家，中国古典史学的终结者、方志学奠基人。他的史学著作《文史通义》对后世影响深远。

我们的疑问中，如果有老师还没想到的，必高兴地肯定我们的提问，然后再进一步地发挥给我们听。老师常说，一篇论文或专著，做完了不要忙着发表。好比刚蒸出的馒头，须要把热气放完了，才能去吃。蒸的透不透，熟不熟，才能知道。还常说，作品要给三类人看：一是水平高于自己的人，二是和自己平行的人，三是不如自己的人。因为这可以从不同角度得到反映，以便修改。所以老师的著作稿，我们也常以第三类读者的关系而得到先睹。我们提出的意见或问题，当然并非全无启发性的，但也有些是很可笑的。一次稿中引了两句诗，一位先生看了，误以为是长短二句散文，说稿上的断句有误。老师因而告诉我们要注意学诗，不可闹笑柄。但又郑重嘱咐我们，不要向那位先生说，并说将由自己劝他学诗。我们同从老师受业的人很多，但许多并非同校、同班，以下只好借用"同门"这个旧词。那么那位先生也可称为"同门"的。

老师常常驳斥我们说"不是"、"不对"，听着不免扫兴。但这种驳斥都是有代价的，当驳斥之后，必然使我们知道什么是"是"的，什么是"对"的。后来我们又常恐怕听不到这样的驳斥。

三、对中华民族历史文化的一片丹诚

历史证明，中国几千年来各地方的各民族，从矛盾到交融，最后团结成为一体，构成了伟大的中华民族和它的灿烂文化。陈老师曾从一部分历史时期来论证这个问题，即是他精心而且得意的著作之一《元西域人华化考》。

在抗战时期，老师身处沦陷区中，和革命抗敌的后方完全隔绝，手无寸铁的老学者，发愤以教导学生为职志。环境日渐恶劣，生活日渐艰难，老师和几位志同道合的老先生著书、教书越发勤奋。学校经费不足，《辅仁学志》将要停刊，几位老先生相约在《学志》上发表文章不收稿费。这时期他们发表的文章比收稿费时还要多。老师曾语重心长地说："从来敌人消灭一个民族，必从消灭它的民族历史文化着手。中华民族的历史文化不被消灭，也是抗敌根本措施之一。"

　　辅仁大学①是天主教的西洋教会所办的，无可讳言具有传教的目的。陈老师的家庭是有基督教信仰的，他在二十年代做教育部次长时，因为在孔庙行礼迹近拜偶像，对"祀孔"典礼，曾"辞不预也"。但他对教会，则不言而喻是愿"自立"的。二十年代有些基督教会也曾经提出过"自立自养"，并曾进行过募捐。当时天主教会则未曾提过这个口号，这又岂是一位老学者所能独力实现的呢？于是老师不放过任何机会，大力向神甫们宣传中华民族的文化，曾为他们讲佛教在中国所以能传布的原因。看当时的记录，并未谈佛教的思想，而是列举中华民族的文化艺术对佛教存在有什么好处，可供天主教借鉴。吴历，号渔山，是清初时一位深通文学的大画家，他是第一个国产神甫，老师对他一再撰文表彰。又在旧恭王府花园建立"司铎②书院"，专对年轻的中国神甫进行历史文化基本知识的教育。这个花园中有几棵西府海棠，从前每年花时旧主人必宴客赋诗，老师这时也在这里宴客赋诗，以"司铎书院海棠"为题，自己也做了许多首。还让那些年轻神甫参加观光，意在造成中国司铎团体的名胜。

　　这种种往事，有人不尽理解，以为陈老师"为人谋"③了。若干年后，想起老师常常口诵《论语》中两句："施于有政，是亦为政"④，才

陈垣墨迹

　　①辅仁大学：前身是北京公教大学附属辅仁社，建于1925年。1927年更名为北京辅仁大学。与北大、清华、燕京并称北平四大名校。

　　②司铎：指掌管教化的人。在中国古代，因其常常手摇木铎聚众宣布教化，故称司铎。近代在西方传播天主教的过程中，人们套用此意，将拉丁文secerdos（天主教神父），音译为"司铎"。

　　③为人谋：为他人帮忙、做事。语出《论语·学而》："曾子曰：'吾日三省吾身——为人谋而不忠乎？与朋友交而不信乎？传不习乎？'"

　　④"施于有政"句：意思是，对父母尽孝，对兄弟关爱，将此风气推延至政治，也是一种参与政治的方式。语见《论语·为政》。

懂得他的"苦心孤诣"！还记得老师有一次和一位华籍大主教拍案争辩，成为全校震动的一个事件。辩的是什么，一直没有人知道。现在明白，辩的什么，也就不问可知了！"

一次我拿一卷友人收藏找我题跋的纳兰成德①手札卷，去给老师看。说起成德的汉文化修养之高。我说："您做《元西域人华化考》举了若干人，如果我做'清东域人华化考'，容若应该列在前茅。"老师指着我写的题跋说，"后边是启元白"②，相对大笑。中华民族的历史文化是民族的生命和灵魂，更是各个兄弟民族团结融合的重要纽带，也是陈老师学术思想中的一个重要组成部分，甚至可以说是个中心。

四、竭泽而渔地搜集材料

老师研究某一个问题，特别是作历史考证，最重视占有材料。所谓占有材料，并不是指专门挖掘什么新奇的材料，更不是主张找人所未见的什么珍秘材料，而是说要了解这一问题各个方面有关的材料。尽量搜集，加以考察。在人所共见的平凡书中，发现问题，提出见解。自己常说，在准备材料阶段，要"竭泽而渔"，意思即是要不漏掉一条材料。至于用几条，怎么用，那是第二步的事。

问题来了，材料到哪里找？这是我最苦恼的事。而老师常常指出范围，上哪方面去查。我曾向老师问起："您能知道哪里有哪方面的材料，好比能知道某处陆地下面有伏流，刨开三尺，居然跳出鱼来。这是怎么回事？"后来逐渐知道老师有深广的知识面，不管多么大部头的书，他总要逐一过目。好比对于地理、地质、水道、运动等等调查档案都曾过目的人，哪里有伏流，哪里有鱼，总会掌握线索的。

---

①纳兰成德：即纳兰性德（1655—1685），字容若，号楞伽山人，原名纳兰成德，因避讳太子保成而改名纳兰性德。满洲正黄旗人。清代著名词人。著有《通志堂集》《侧帽集》《饮水词》等。

②因启功（字元白）是清世宗（雍正）的第九代孙，与纳兰性德同为满族，故陈垣有此说。虽为玩笑，可见陈垣对启功学识的推崇与肯定。

他曾藏有三部佛教的《大藏经》和一部道教的《道藏经》，曾说笑话："唐三藏不稀奇，我有四藏。"这些"大块文章"①老师都曾阅览过吗？我脑中时常泛出这种疑问。一次老师在古物陈列所发现了一部嘉兴地方刻的《大藏经》，立刻知道里边有哪些种是别处没有的，并且有什么用处。即带着人去抄出许多本，摘录若干条。怎么比较而知哪些种是别处没有的呢？当然熟悉目录是首要的，但仅仅查目录，怎能知道哪些有什么用处呢？我这才"考证"出老师藏的"四藏"并不是陈列品，而是都曾一一过目，心中有数的。

老师自己曾说年轻时看清代的《十朝圣训》《朱批谕旨》《上谕内阁》等书，把各书按条剪开，分类归并。称他的《柱下备忘录》整理出的问题，即是已发表的《宁远堂丛录》。可惜只发表了几条，仅是全份分类材料的几百分之一。又曾说年轻时为应科举考试，把许多八股文的书全部拆开，逐篇看去，分出优劣等级，重新分册装订，以备精读或略读。后来还能背诵许多八股文的名篇给我们听。这种干法，有谁肯干！又有几人能做得到？

解放前，老师对于马列主义的书还未曾接触过。解放初，才找到大量的小册子，即不舍昼夜地看。眼睛不好，册上的字又很小，用放大镜照着一册册看。那时已是七十岁的老人了，结果累得大病一场，医生制止看书，这才暂停下来。

老师还极注意工具书，二十年代时《丛书子目索引》一类的书还没出版，老师带了一班学生，编了一套各种丛书的索引，这些册清稿，一直在自己书案旁边书架上，后来虽有出版的，自己还是习惯查这份稿本。

另外还有其他书籍，本身并非工具书，但由于善于利用，而收到工

①大块文章：唐代李白《春夜宴从弟桃李园序》有"大块假我以文章"之句，后用"大块文章"称赞他人内容丰富的著作。大块，指大地，大自然。

具书的效果。例如一次有人拿来一副王引之①写的对联，是集唐人诗句。一句知道作者，一句不知道。老师走到藏书的房间，不久出来，说了作者是谁。大家都很惊奇地问怎么知道的，原来有一种小本子的书，叫《诗句题解汇编》，是把唐宋著名诗人的名作每句按韵分编，查者按某句末字所属的韵部去查即知。科举考试除了考八股文外，还考"试帖诗"。这种诗绝大多数是以一句古代诗为题，应考者要知道这句的作者和全诗的内容，然后才好著笔，这种小册子即是当时的"夹带"，也就是今天所谓"小抄"的。现在试帖诗没有人再做了，而这种"小抄"到了陈老师手中，却成了查古人诗句的索引。这不过是一个例，其余不难类推。

胸中先有鱼类分布的地图，同时烂绳破布又都可拿来作网，何患不能竭泽而渔呢！

五、一指的批评和一字的考证

老师在谈话时，时常风趣地用手向人一指。这无言的一指，有时是肯定的，有时是否定的。使被指者自己领会，得出结论。一位"同门"满脸连鬓胡须，又常懒得刮，老师曾明白告诉他，不刮属于不礼貌。并且上课也要整齐严肃，"不修边幅"去上课，给学生的印象不好，但这位"同门"还常常忘了刮。当忘刮胡子见到老师时，老师总是看看他的脸，用手一指，他便踟蹰不安②。有一次我们一同去见老师，快到门前了，忽然发觉没有刮胡子，便跑到附近一位"同门"的家中借刀具来刮。附近的这位"同门"的父亲，也是我们的一位师长，看见后说："你真成了子贡。"大家以为是说他算大师的门徒。这位老先生又说："入马厩而修容！"这个故事是这样：子贡去见一个大人物，因为容貌不整洁，被守门人拦住，不给通禀。子贡临时钻进门外的马棚"修容"，不知是

①王引之（1766—1834），字伯申，号曼卿，江苏高邮人。清代著名学者。后人辑有《王文简公文集》。

②踟蹰不安：形容恐惧、局促不安。踟蹰音 jú jí，亦作"局踏"。

洗脸还是刮胡子，守门人就让他进去了。大家听了后一句无不大笑。这次他才免于一指。

一次做司铎书院海棠诗，我用了"西府"一词，另一位"同门"说："恭王府当时称西府啊？"老师笑着用手一指，然后说："西府海棠啊！"这位"同门"说："我想远了。"又谈到当时的美术系主任溥忻①先生，他在清代的封爵是"贝子"。我说，"他是字董"，老师点点头。这位"同门"又说："什么字董？"老师不禁一愣，"哎"了一声，用手一指，没再说什么。我赶紧接着说："就是贝子，《金史》作字董。"这位"同门"研究史学，偶然忘了金源②官职。老师这无言的一指，不啻开了一次"必读书目"。

陈垣与启功

老师读书，从来不放过一个字，作历史考证，有时一个很大的问题，都从一个字上突破、解决。以下举三个例：

北京图书馆影印一册于敏中③的信札，都是从热河行宫寄给在北京的陆锡熊④的。陆锡熊那时正在编辑《四库全书》，于的信札是指示编书问题的。全册各信札绝大部分只写日子，既少有月份、更没有年份。里边一札偶然记了大雨，老师即从它所在地区和下雨的情况勾稽得知是某年某月，因而解决了这批信札大部分写寄的时间，而为《四库全书》编辑

①溥忻（1893—1966？），字雪斋，号松风主人。清道光帝旻宁第五子奕誴之孙，正蓝旗。辛亥革命以后，以书画为生。曾任辅仁大学美术系主任兼教授、北京古琴研究会会长、北京市美协副主席。1966年，"文革"期间，不知所踪。

②金源：代指金朝。

③于敏中（1714—1780），字叔子，一字重棠，号耐圃，江苏金坛人。清朝重臣，四库全书馆正总裁。著有《浙程备览》《临清纪略》等。

④陆锡熊（1734—1792），字健男，号耳山，上海浦东人。清代学者。与纪昀同为《四库全书》总纂官。著有《篁村诗钞》《宝奎堂文集》《补陈寿礼志》《炳烛偶钞》《陵阳献徵录》等。

经过和进程得到许多旁证资料。这是从一个"雨"字解决的。

又在考顺治是否真曾出家的问题时，在蒋良骐①编的《东华录》中看到顺治卒后若干日内，称灵柩为"梓宫"，从某日以后称灵柩为"宝宫"，再印证其他资料，证明"梓宫"是指木制的棺材，"宝宫"是指"宝瓶"，即是骨灰坛。于是证明顺治是用火葬的。清代《实录》屡经删削修改，蒋良骐在乾隆时所摘录的底本，还是没太删削的本子，还存留"宝宫"的字样。《实录》是官修的书，可见早期并没讳言火葬。这是从一个"宝"字解决的。

又当撰写纪念吴渔山②的文章时，搜集了许多吴氏的书迹影印本。老师对于画法的鉴定，未曾作专门研究，时常叫我去看。我虽曾学画，但那时鉴定能力还很幼稚，老师依然是垂询参考的。一次看到一册，画的水平不坏，题"仿李营邱"，老师直截了当地告诉我说："这册是假的！"我赶紧问什么原因，老师详谈：孔子的名字，历代都不避讳，到了清代雍正四年，才下令避讳"丘"字，凡写"丘"字时，都加"邑"旁作"邱"，在这年以前，并没有把"孔丘"、"营丘"写成"孔邱"、"营邱"的。吴渔山卒于雍正以前，怎能预先避讳？我真奇怪，老师对历史事件连年份都记得这样清，提出这样快！在这问题上，当然和作《史讳举例》曾下的功夫有关，更重要的是亲手剪裁分类编订过那部《柱下备忘录》。所以清代史事，不难如数家珍，唾手而得。伪画的马脚，立刻揭露。这是从一个"邱"字解决的。

这类情况还多，凭此三例，也可以概见其余。

①蒋良骐（1723—1790），字干之，一字赢川，广西全州人。史学家，清国史馆纂修。他依据《清实录》及其他文献，摘录清初六朝五帝史料，成书三十二卷。因国史馆在东华门内，故书名题为《东华录》。

②吴渔山：即吴历（1632—1718），字渔山，自号墨井道人，桃溪居士，江苏常熟人。清初书画家，天主教传教士。著有《墨井诗钞》《三巴集》《桃溪集》《墨井画跋》等。

六、严格的文风和精密的逻辑

　　陈老师对于文风的要求，一向是极端严格的。字句的精简，逻辑的周密，从来一丝不苟。旧文风，散文多半是学"桐城派"[①]，兼学些半骈半散的"公牍文"。遇到陈老师，却常被问得一无是处。怎样问？例如用些漂亮的语调，古奥的词藻时，老师总问："这些怎么讲？"那些语调和词藻当然不易明确翻成现在语言，答不出时，老师便说："那你为什么用它？"一次我用了"旧年"二字，是从唐人诗"江春入旧年"，套用来的。老师问："旧年指什么？是旧历年，是去年，还是以往哪年？"我不能具体说，就被改了。老师说："桐城派做文章如果肯定一个人，必要否定一个人来作陪衬。语气总要摇曳多姿，其实里边有许多没用的话。"三十年代流行一种论文题目，像"某某作家及其作品"，老师见到我辈如果写出这类题目，必要把那个"其"字删去，宁可使念着不太顺嘴，也绝不容许多费一个字。陈老师的母亲去世，老师发讣闻，一般成例，孤哀子名下都写"泣血稽颡"[②]，老师认为"血"字并不诚实，就把它去掉。在旧社会的"服制"[③]上，什么"服"的亲属，名下写什么字样。"泣稽颡"是比儿子较疏的亲属名下所用的，但老师宁可不合世俗旧服制的习惯用语，也不肯向人撒谎，说自己泣了血。

　　唐代刘知几[④]做的《史通》，里边有一篇《点烦》，是举出前代文中啰嗦的例子，把他所认为应删去的字用"点"标在旁边。流传的《史通》

　　[①]桐城派：中国古代最重要的散文流派之一，也称"桐城古文派"。其开创者和早期著名的作家戴名世、方苞、刘大櫆、姚鼐等均为清代安徽桐城人。

　　[②]稽颡：古代一种跪拜之礼，屈膝下跪，以额触地。颡音 sǎng，额头，脑门儿。

　　[③]服制：又称丧服制度。中国古代，根据与死者血缘关系的亲疏和尊卑，穿戴不同等差丧服，并服不同长短丧期的一种礼制。共分五等，即所谓"五服"：斩衰（音 cuī）、齐衰、大功、小功、缌麻。

　　[④]刘知几（661—721），字子玄，彭城（今江苏徐州）人。唐代著名历史学家、学者。他的《史通》详论史书之体例及内容，阐述自己对史学的见解，是中国第一部史学评论专著，对后世影响很大。

刻本，字旁的点都被刻板者省略，后世读者便无法看出刘知几要删去那些字。刘氏的原则是删去没用的字，而语义毫无损伤、改变。并且只往下删，绝不增加任何一字。这种精神，是陈老师最为赞成的。屡次把这《点烦》篇中的例文印出来，让学生自己学着去删。结果常把有用的字删去，而留下的却是废字废话。老师的秘书都怕起草文件，常常为了一两字的推敲，能经历许多时间。

老师常说，人能在没有什么理由，没有什么具体事迹，也就是没有什么内容的条件下，做出一篇骈体文，但不能做出一篇散文。老师六十岁寿辰时，老师的几位老朋友领头送一堂寿屏，内容是要全面叙述老师在学术上的成就和贡献，但用什么文体呢？如果用散文，万一遇到措词不恰当，不周延，不确切，挂在那里徒然使陈老师看着整扭，岂不反为不美？于是公推高步瀛①先生用骈体文作寿序，请余嘉锡②先生用隶书来写。陈老师得到这份贵重寿礼，极其满意。自己把它影印成一小册，送给朋友，认为这才不是空洞堆砌的骈文。还告诉我们，只有高先生那样富的学问和那样高的手笔，才能写出那样骈文，不是初学的人所能"摇笔即来"的，才知老师并不是单纯反对骈体文，而是反对那种空洞无物的。

老师对于行文，最不喜"见下文"。说，先后次序，不可颠倒。前边没有说明，令读者等待看后边，那么前边说的话根据何在？又很不喜在自己文中加注释。说，正文原来就是说明问题的，为什么不在正文中即把问题说清楚？既有正文，再补以注释，就说明正文没说全或没说清。除了特定的规格、特定的条件必须用小注的形式外，应该锻炼，在正文中就把应说的都说清。所以老师的著作中除《元典章校补》是随着《元

---

①高步瀛（1873—1940），字阆仙，河北霸县人。著名学者、教育家。著有《国文教范笺注》《古今体诗约选笺注》《唐宋文举要》《汉魏六朝文选》等。

②余嘉锡（1884—1955），字季豫，号狷庵。出生于河南商丘，祖籍湖南常德。语言学家、目录学家、古文献学家。著作有《四库提要辨证》《目录学发微》《古书通例》《世说新语笺疏》《余嘉锡论学杂著》等。

《典章》的体例有小注；《元秘史译音用字考》在木板刻成后又发现应加的内容，不得已刓①改版面，出现一段双行小字外，一般文中连加括弧的插话都不肯用，更不用说那些"注一"、"注二"的小注。但看那些一字一板的考据文章中，并没有使人觉得缺少什么该交代的材料出处，因为已都消化在正文中了。另外，也不喜用删节号。认为引文不会抄全篇，当然都是删节的。不衔接的引文，应该分开引用。引诗如果仅三句有用，那不成联的单句必须另引，绝不使它成为瘸腿诗。

用比喻来说老师的考证文风，既像古代"老吏断狱"的爰书②，又像现代科学发明的报告。

七、诗情和书趣

陈老师的考证文章，精密严格，世所习见。许多人有时发生错觉，以为这位史学家不解诗赋。这里先举一联来看："百年史学推瓯北，万首诗篇爱剑南"，这是老师带有"自况"性质的"宣言"，即以本联的对偶工巧，平仄和谐，已足看出是一位老行家。其实不难理解，曾经应过科举考试的人，这些基本训练，不可能不深厚的。曾详细教导我关于骈文中"仄顶仄，平顶平"等等韵律的规格，我作的那本《诗文声律论稿》中的论点，谁知道许多是这位庄严谨饬的史学考据家所传授的呢？

抗战前他曾说过，自己六十岁后，将卸去行政职务，用一段较长时间，补游未到过的名山大川，丰富一下诗料，多积累一些作品，使诗集和文集分量相称。不料战争突起，都成了虚愿。

现在存留的诗稿有多少，我不知道，一时也无从寻找。最近只遇到《司铎书院海棠》诗的手稿残本绝句七首，摘录二首，以见一斑：

十年树木成诗谶，劝学深心仰万松。

---

① 刓：音 wán。削，挖刻。
② 爰书：古代记录囚犯供辞等内容的文书。爰，音 yuán。

今日海棠花独早，料因桃李与争秋。

自注：万松野人著《劝学罪言》，为今日司铎书院之先声。"十年树木"楹贴，今存书院。

功按：万松野人为英华先生的别号。先生字敛之，姓赫舍里氏，满族人，创辅仁社，即辅仁大学前身。陈垣先生每谈到他时，总称"英老师"。

西堂曾作竹枝吟，玫瑰花开玛窦林。

幸有海棠能嗣响，会当击木震仁音。

自注：尤西堂《外国竹枝词》：阜成门外玫瑰发，杯酒还浇利泰西。"击木震仁惠之音"，见《景教碑》。

功按：利玛窦，明人以"泰西"作地望①称之，又或称之为"利子"。《景教碑》即唐代《景教流行中国碑》，今在西安碑林。

又在1967年时，空气正紧张之际，我偷着去看老师，老师口诵他最近给一位老朋友题什么图的诗共两首。我没有时间抄录，匆匆辞出，只记得老师手捋胡须念："老夫也是农家子，书屋于今号励耘。"抑扬的声调，至今如在。

清末学术界有一种风气，即经学讲《公羊》②，书法学北碑。陈老师平生不讲经学，但偶然谈到经学问题时，还不免流露公羊学的观点；对于书法，则非常反对学北碑。理由是刀刃所刻的效果与毛笔所写的效果不同，勉强用毛锥去模拟刀刃的效果，必致矫揉造作，毫不自然。我有些首《论书绝句》，其中二首云："题记龙门字势雄，就中尤属《始平公》。学书别有观碑法，透过刀锋看笔锋。""少谈汉魏怕徒劳，简牍摩挲未几遭。岂独甘卑爱唐宋，半生师笔不师刀。"曾谬蒙朋友称赏，其实这只是陈老师艺术思想的韵语化罢了。

---

①地望：古人将某人的地位、名望与其所在籍贯相联系，称地望，又称郡望。

②《公羊》：即《春秋公羊传》，注释《春秋》的书，与《穀梁传》《左传》并称"春秋三传"。据传为战国时齐人公羊高所撰。

还有两件事可以看到老师对于书法的态度：有一位退位的大总统，好临《淳化阁帖》[①]，笔法学包世臣[②]。有人拿着他的字来问写得如何，老师答说写得好。问好在何处，回答是"连枣木纹都写出来了"。宋代刻《淳化阁帖》是用枣木板子，后世屡经翻刻，越发失真。可见老师不是对北碑有什么偏恶，对学翻板的《阁帖》，也同样不赞成的。另一事是解放前故宫博物院影印古代书画，常由一位院长题签，写得字体歪斜，看着不太美观。陈老师是博物院的理事，一次院中的工作人员拿来印本征求意见，老师说："你们的书签贴的好。"问好在何处，回答是："一揭便掉。"原来老师所存的故宫影印本上所贴的书签，都被完全揭掉了。

八、无价的奖金和宝贵的墨迹

辅仁大学有一位教授，在抗战胜利后出任北平市的某一局长，从辅大的教师中找他的帮手，想让我去管一个科室。我去向陈老师请教，老师问："你母亲愿意不愿意？"我说："我母亲自己不懂得，教我请示老师。"又问："你自己觉得怎样？"我说："我'少无宦情'。"老师哈哈大笑说：既然你无宦情，我可以告诉你：学校送给你的聘书，你是教师，是宾客；衙门发给你的是委任状，你是属员，是官吏。"我明白了，立刻告辞回来，用花笺纸写了一封信，表示感谢那位教授对我的重视，又婉言辞谢了他的委派。拿着这封信去请老师过目。老师看了没有别的话，只说："值三十元。"这"三十元"到了我的耳朵里，就不是银元，而是金元了。

1963年，我有一篇发表过的旧论文，由于读者反映较好，修改补充后，将由出版单位作专书出版，去请陈老师题签。老师非常高兴，问我：

---

① 《淳化阁帖》：又名《淳化秘阁法帖》，简称《阁帖》。中国最早的一部汇集各家书法墨迹的法帖，共十卷。收录先秦至隋唐一千多年的书法墨迹，包括帝王、臣子和著名书法家等一百零三人的四百二十篇作品，被后世誉为中国法帖之冠和"丛帖始祖"。

② 包世臣（1775—1853），字慎伯，号诚伯、慎斋，晚号倦翁。安徽泾县人。清代学者、文学家、书法家、书学理论家。著有《中衢一勺》《艺舟双楫》《管情三义》《齐民四术》等。

"你曾有专书出版过吗？"我说："这是第一本。"又问了这册的一些方面后，忽然问我："你今年多大岁数了？"我说："五十一岁。"老师即历数戴东原①只五十四，全谢山②五十岁，然后说："你好好努力啊！"我突然听到这几句上言不搭下语而又比拟不恰的话，立刻懵住了，稍微一想，几乎掉下泪来。老人这时竟像一个小孩，看到自己浇过水的一棵小草，结了籽粒，便喊人来看，说要结桃李了。现在又过了十七年，我学无寸进，辜负了老师夸张性的鼓励！

陈老师对于作文史教育工作的后学，要求常常既广且严。他常说作文史工作必须懂诗文，懂金石，否则怎能广泛运用各方面的史料。又说作一个学者必须能懂民族文化的各个方面；作一个教育工作者，常识更须广博。还常说，字写不好，学问再大，也不免减色。一个教师板书写得难看，学生先看不起。

老师写信都用花笺纸，一笔似米芾又似董其昌的小行书，永远那么匀称，绝不潦草。看来每下笔时，都提防着人家收藏装裱。藏书上的眉批和学生作业上的批语字迹是一样的。黑板上的字，也是那样。板书每行四五字，绝不写到黑板下框处，怕后边坐的学生看不见。写哪些字，好像都曾计划过的，但我却不敢问"您的板书还打草稿吗？"后来无意中谈到"备课"问题，老师说："备课不但要准备教什么，还要思考怎样教。哪些话写黑板，哪些话不用写。易懂的写了是浪费，不易懂的不写则学生不明白。"啊！原来黑板写什么，怎样写，老师确是都经过考虑的。

老师在名人字画上写题跋，看去潇洒自然，毫不矜持费力，原来也

---

①戴东原：即戴震(1724—1777)，字东原，安徽休宁隆阜人。清代著名学者、思想家。在考据、训诂、天文、数学、物理、地志、经籍等领域均有成就。乾隆年间进士，曾任纂修、翰林院庶吉士。著有《原善》《考工记图注》《孟子字义疏证》《声韵考》《声类表》《方言疏证》等。

②全谢山：即全祖望(1705—1755)，字绍衣，号谢山。浙江鄞县人。学者、文学家，清代浙东学派的重要代表人物。乾隆年间进士，曾任翰林院庶吉士。著有《鲒埼亭集》《困学纪闻三笺》《续甬上耆旧诗》《经史问答》《读易别录》《汉书地理志稽疑》《古今通史年表》等。

——精打细算，行款位置，都要恰当合适。给人写扇面，好写自己做的小条笔记，我就求写过两次，都写的小考证。写到最后，不多不少，加上年月款识，印章，真是天衣无缝。后来得知是先数好扇骨的行格，再算好文词的字数，哪行长，哪行短。看去一气呵成，谁知曾费如此匠心呢？

我在1964、1965年间，起草了一本小册子，带着稿子去请老师题签。这时老师已经病了，禁不得劳累。见我这一叠稿子，非看不可。但我知道他老人家如看完那几万字，身体必然支持不住，只好托词说还须修改，改后再拿来，先只留下书名。我心里知道老师以后恐连这样书签也不易多写了，但又难于先给自己订出题目，请老师预写。于是想出"启功丛稿"四字，准备将来作为"大题"，分别用在各篇名下。就说还有一本杂文，也求题签。老师这时已不太能多谈话，我就到旁的房间去坐。不多时间，秘书同志举着一叠墨笔写的小书签来了，我真喜出望外，怎能这样快呢？原来老师凡见到学生有一点点"成绩"，都是异常兴奋的。最痛心的是这个小册，从那年起，整整修改了十年，才得出版，而他老人家已不及见了。

现在我把回忆老师教导的千百分之一写出来，如果能对今后的教育工作者有所帮助，也算我报了师恩的千百分之一！我现在也将近七十岁了，记忆力锐减，但"学问门径"、"受用无穷"、"不对"、"不是"、"教师"、"官吏"、"三十元"、"五十岁"种种声音，却永远鲜明地在我的耳边。

陈垣与启功

老师逝世时，是1971年，那时还祸害横行，纵有千言万语，谁又敢见诸文字？当时私撰了一副挽联，曾向朋友述说，都劝我不要写出。现在补写在这里，以当"回向"①吧！

---

①回向：佛学用语。指将所修的功德、智慧和善行等，与众生同享，以拓自身心胸，且使此种功德不致散失。此处有"分享"之意。

依函丈卅九年，信有师生同父子；

刊习作二三册，痛余文字答陶甄^①！

作者简介

启功（1912—2005），字元白，也作元伯，北
京人。中国当代著名教育家、古典文献学家、书
画家、文物鉴定家、红学家、诗人、国学大师。
清世宗（雍正）的第五子弘昼的第八代孙。先后
任辅仁大学国文系讲师、故宫博物院专门委员、
北京师范大学教授、国家文物鉴定委员会主任委
员、中央文史研究馆馆长、中国书法家协会名誉
主席、西泠印社社长等。

著有《启功丛稿》《古代字体论稿》《诗文声律论稿》《启功韵语》
《启功絮语》《启功赘语》《汉语现象论丛》等。

编辑缀语

陈垣先生是近代史学的泰斗、伟大的教育家，曾被毛泽东誉为"国
宝"，而启功先生则是著名的书画大家和教育家。启功取得的成就固然出
于自己的天资和勤奋，但是老师陈垣在其事业和人生的发展中所起到的指

---

①陶甄：原为烧制陶器，后比喻陶冶、教化。《文选·张华》："散气流形，既陶既甄。"李
善注："如淳曰：陶人作瓦器谓之甄。"

引作用，亦是不容低估。无论是做人，还是教书与做学问，陈垣的言传身教，都对启功影响深远。启功先生悼念老师的挽联中有"信有师生同父子"之句，可见在他心中，是把陈垣当做父亲看待的。作者从"怎样教书""对后学的诱导""对中华民族历史文化的一片丹诚""竭泽而渔地搜集材料""一指的批评和一字的考证""严格的文风和精密的逻辑""诗情和书趣""无价的奖金和宝贵的墨迹"八个方面，全面展现了陈垣先生做人、做事、做学问、做老师的高贵品质，每一样都值得后人尊敬和学习。

有时候又想起十六岁的时候，
这位影响我最深的先生，我怎能忘掉。
到现在我来提笔怀念田先生，
是没有什么可顾虑的时候了，
可是算一算他该已八十几岁，
谁知道还在不在人世啊。

不能忘记的老师

韦君宜

人不能忘记真正影响过自己的人。

我写过好几位教过我的老师，包括大学的，中学的，小学的。田骢是影响我最大的老师，他是南开①的，但是南开却不记得他。那些有功于校的老教师名单里没有他。

他是在我进高中一年级时，到南开教书的，教国文。人很矮，又年轻。第一次进教室，我们这群女孩子起立敬礼之后，有人就轻轻地说"田先生，您是……"他毫不踌躇地拿起粉笔，就在黑板上写了："田骢，燕京大学②文学士"几个字作为自我介绍，接着就讲课了。

---

①南开：此处指天津南开女中。前身是1923年由张伯苓先生创建的南开中学女生部，现为天津市第二南开学校。

②燕京大学：1916年，美国及英国基督教教会联合将三所在北京开办的教会学校（北京汇文大学、通州华北协和大学、北京女子协和大学）合并，初名北京大学，后改为燕京大学，由司徒雷登任校长。是近代中国规模最大、教学质量最好、环境最优美的大学之一。

燕京大学

他出的第一个作文题是《一九三一年的中国大水灾》。我刚刚学发议论，刚做好交上去，"九一八"就爆发了。他又出了第二个题，没有具体题目，要我们想想，"写最近的大事"。于是我写了一篇《日祸记闻》（我找了报纸，费了很大劲），田先生只点点头说："写听来的事，也就这样了。"他要求的当然比这高。

我们有南开中学自编的国文课本，同时允许教师另外编选。田先生就开始给我们讲上海左翼的作品：丁玲主编的《北斗》，周起应（周扬）编的《文学月报》，然后开始介绍鲁迅，介绍鲁迅所推荐的苏联作品《毁灭》，还有《士敏土》《新俄学生日记》等等。他讲到这些书，不是完全当文学作品来讲的。讲到茅盾①的《幻灭》《动摇》《追求》三部曲时，他说："现在的女孩子做人应当像章秋柳、孙舞阳那样开放些。当然，不必像那样浪漫了。"

我是个十分老实的学生，看了左翼的书，一下子还不能吃进去。有的同学就开始写开放的文章了，记得比我高一班的姚念媛，按着丁玲《莎菲女士的日记》②的路子，写了一篇《丽嘉日记》。我们班的杨纫琪写

①茅盾（1896—1981），原名沈德鸿，字雁冰，笔名茅盾，浙江嘉兴人。著名作家、文学评论家。曾任中国文联副主席、中国作协主席。著有小说《爱情三部曲》《林家铺子》《子夜》《春蚕》和文学评论集《夜读偶记》，及《茅盾文集》《茅盾全集》等。

②《莎菲女士的日记》：著名女作家丁玲1927年创作的一篇日记体的小说。女主角莎菲倔强的个性和叛逆精神，曾引起当时社会的轰动。

了篇《论三个摩登女性》，都受到田先生赞赏，后来发表在南开女中月刊上。我的国文课（包括作文）一向在班上算优秀的，可是到了这时，我明白自己是落后，不如人了。

田先生越讲越深，他给我们讲了什么是现实主义，什么是浪漫主义。我才十六岁，实在听不大懂，可是我仔细听，记下来，不懂也记下来。半懂不懂的读后感都记在笔记本上了，交给田先生。他看了，没有往我的本子上批什么，只是在发本子的时候告诉我："写note不要这样写法。"还告诉我，读了高尔基，再读托尔斯泰，读契诃夫吧。田先生对于我，是当作一个好孩子的吧。他在我的一篇作文上批过"妙极，何不写点小说"。可是他没有跟我说过一句学业之外的话。

在教书中间，他和男中的另外两位进步教师万曼、戴南冠共同创办了一个小文学刊物，叫《四月》，同学们差不多都买来看了。我看了几遍。终于明白田先生写的文章和我相差一大截。我是孩子，孩子写得再好也是孩子，我必须学会像田先生那样用成人的头脑来思考。

到高中二年级，田先生教二年甲组，我被分到乙，不能常听田先生的课了，但是甲组许多情况还是知道的。田先生常叫她们把教室里的课桌搬开，废除先生讲学生听的方式，把椅子搬成一组一组的，大家分组讨论，教室里显得格外生动有趣。后来她们班的毛同学当选了女中校刊的主编，把校刊办得活跃起来了。开始时是谈文学，谈得很像那么一回事，估计是田先生指导的。到后来她们越谈越厉害，先对学校的一些措施写文章批评，后对天津市内的（当然是国民党统治下的）政治形势嬉笑怒骂，直至写文章响应市内工厂的罢工，鼓动工人们"起来啊，起来"。闹得学校当局再也忍不住了（再这么下去，学校也没法存在了），把毛她们三个活跃分子开除了。同时，他们认为是田聪他们三个教师在背后煽动的，把三个教师解了聘。

我看不出来田先生在这里边起了什么作用，只是对他的离职惋惜不已。我刚刚对田先生教给的左翼文学尝到一点味儿，还只知看看，还没

不能忘记的老师 / 韦君宜 | 105

想到自己动手干。但是已经不用田先生把着手告诉怎么找书了，已经会自己去找书看，会自己去订阅杂志了。我刚抬脚，还不会起步。

已被开除的先进分子毛跟我谈起田先生，她说："作为教书的教师，他是个好教师。可是，要作为朋友，他并不怎么样。"那时候我还不懂田先生怎么又成了她的"朋友"。后来过了很久，我才明白她那时已经是一个地下组织的成员了，田先生么，该是她的"朋友"，即同志，实际上女中的活动就是她们地下组织的活动，并不是一个教师煽动的，学校当局也没有弄清。我太幼稚，没有资格要求田先生做我的"朋友"，但是我由一个什么也不懂的女孩成为知道一点文学和社会生活的青年，的确得感谢田先生，他是我的好老师。

我一直怀着感激的心情想着田先生。后来只在一个讲教学的刊物上见过田先生的名字，在河南一个文学刊物上见过万曼先生的名字，再就没有消息了。我总在猜测，他们几位大概进入了文学界了。想起他们，我老是以为他们不会湮没无闻的。常想着将来能再见。

后来，一直过了二十多年，国家经过了天翻地覆的变化，我也已经成了中年人，被调进了作家协会。对于文学知道还不算多，该接受的教训倒学会了不少。从前对于文学那股热劲也消磨得差不多了。有一天，在作家协会的《文艺学习》编辑部里，忽然说有一个姓田的先生来了，在公共会客室正等着我。我进门一怔，简直认不清了，但是马上又认得了，竟是田先生。他很客气地说知道我在这里，他来是想请我到他们学校去作一次报告，就是讲一次文学课。

原来这几十年他还在教书，仔细一问，在石油勘探学校里教文学。没有想到，怎么会在石油学校去教文学？要知道我现在已经属于文艺界了，而文艺界那个气氛人们都知道。我怎么敢到外边去乱吹，讲文学？

"田先生，我……我……"我简直说不上来。只好吞吞吐吐回答："我怎么能到您那里去讲文学？您还是我老师。"

田先生却痛快地说："怎么不能啊！青出于蓝嘛。"

我没法，只能说："我没有学好，给老师丢丑……而且……而且您看，我肚子这么大了。"那时我正怀着孕。他没法勉强。这次会见，就这么简单地结束。我一面谈着话，一面心里就猜，田先生大概这些年还保持着他年轻时对于文艺界的美好幻想。而且看见《文艺学习》刊物上我的名字。就以为我已经踏进了那个美好幻想里，所以来找我，叫我千言万语也

韦君宜

说不清。但是我敬仰的田先生，领着我们敲左翼文学大门的先生，怎么能湮没呢？他的功劳怎么没人提起呢？

后来我曾经想请田先生参加作协举办的文学活动，但是迟迟没有找到合适的题目。后来呢，又过了一阵，文艺界内的气氛越来越紧张了。田先生忽然给我来了一封信，说他一向佩服诗人艾青，想必我会认识艾青，请我给介绍介绍。那些天，正好是艾青同志倒霉挨骂的时候，我刚刚参加过批判艾青的内部会议。还在艾青同志屋里听他诉过苦，这怎么答复啊？属于"外行"的田先生，哪里会明白这些内情，我这个做学生的，又怎好贸然把这些话告诉田先生。紧接着是批判《武训传》，批俞平伯、批胡风，直到批右派，我自己也被送下乡，刊物也关门了。田先生幸喜与诸事无关，就不必多谈了。

我竟然无法答报师恩，竟然无法告诉他："田先生，你落后了，做学生的要来告诉你文学是怎么回事了。"这是胡扯，他不是落后，我想他还是和从前一样，把左翼文学园地看作一块纯洁光明的花园，这对于他来说，其实是幸福的。他仍然是忠于自己事业的老教师，并没有人掐着他的脖子叫他怎样讲文学。当然，紧接着文艺界这些不幸，这样关心文学事业的田先生，不会一直听不见看不见。不幸的是我，不能再和他细谈。

我默默不能赞一辞，竟眼看着我本以为应当光华四射的老师终于湮没。我胡思乱想，整夜睡不着，有时想，真不如那时候田先生不教我，不让我知道什么左翼文学，早没有这位先生多好。有时候又想起十六岁

的时候，这位影响我最深的先生，我怎能忘掉。

　　到现在我来提笔怀念田先生，是没有什么可顾虑的时候了，可是算一算他该已八十几岁，谁知道还在不在人世啊。

作者简介

　　韦君宜（1917—2002），原名魏蓁一，生于北京，祖籍湖北建始。现代作家。历任《中国青年》总编辑、《文艺学习》主编、作家出版社总编辑、人民文学出版社总编辑等。

　　著有长篇小说《母与子》《露沙的路》，散文集《故乡和亲人》《似水流年》《故国情》《我对年轻人说》《海上繁华梦》，小说集《女人集》《旧梦难温》《老干部别传》等。

编辑缀语

　　韦君宜曾经提到在南开中学读书是她由孩子变成懂事的青年这一人生最重要的阶段，是南开打开了她的眼界。此时的韦君宜，由一个"十分老实的学生"，到广泛接触左翼文学，变成一个进步文学青年，国学老师田髭起到了关键的作用。正是田老师向封闭的韦君宜介绍了左联作家的作品和苏俄文学作品，使她迈向了新的生活。老师由于参与了学生运动而被解雇，从此失去联络。若干年后，时移世易，作者成长为一位进步作家并踏入了所谓的"文艺界"，老师仍然在孜孜不倦的教学中贡献自己的青春。在那段文学和文学家们都无比艰难的岁月，作者没能满足一个对文学充满美好理想的老师的请求，也无法向老师述说艰难的困境，心中是存在愧疚的。而让人欣慰的是，几十年过去了，田老师依然保持着他年轻时对于文艺界的美好幻想。可以想见，老师的课堂依然是充满激情而又美好的……

沈先生家有一盆虎耳草，
种在一个椭圆形的小小钧窑盆里。
很多人不认识这种草。
这就是《边城》里翠翠在梦里
采摘的那种草，沈先生喜欢的草。

星斗其文，赤子其人

汪曾祺

　　沈先生逝世后，傅汉斯、张充和①从美国电传来一幅挽辞。字是晋人小楷，一看就知道是张充和写的。词想必也是她拟的。只有四句：

　　　不折不从　　亦慈亦让

　　　星斗其文　　赤子其人

　　这是嵌字格②，但是非常贴切，把沈先生的一生概括得很全面。这位四妹对三姐夫沈二哥真是非常了解。——荒芜同志编了一本《我所认识的沈从文》，写得最好的一篇，我以为也应该是张充和写的《三姐夫沈二哥》。

---

　　①张充和（1914—2015），沈从文夫人张兆和的四妹。出生于上海，祖籍合肥。1949年，张充和与丈夫傅汉斯赴美。后在哈佛、耶鲁等美国多所大学执教，传授书法和昆曲。

　　②嵌字格：又名嵌珠格。即在作诗或对联时，将几个特定的字（如人名、地名等）依次嵌在各句相应的位置上。嵌在上下句相同位置，谓正格，其他则为别格。根据嵌字的不同位置，又有鹤顶格、燕颔格、蜂腰格等不同的叫法。

沈先生的血管里有少数民族的血液。他在填履历表时，"民族"一栏里填土家族或苗族都可以，可以由他自由选择。湘西有少数民族血统的人大都有一股蛮劲，狠劲，做什么都要做出一个名堂。黄永玉就是这样的人。沈先生瘦瘦小小（晚

沈从文与汪曾祺

年发胖了），但是有用不完的精力。他小时是个顽童，爱游泳（他叫"游水"）。进城后好像就不游了。三姐（师母张兆和）很想看他游一次泳，但是没有看到。我当然更没有看到过。他少年当兵，漂泊转徙，很少连续几晚睡在同一张床上。吃的东西，最好的不过是切成四方的大块猪肉（煮在豆芽菜汤里）。行军、拉船，锻炼出一副极富耐力的体魄。二十岁冒冒失失地闯到北平来，举目无亲。连标点符号都不会用，就想用手中一支笔打出一个天下。经常为弄不到一点东西"消化消化"而发愁。冬天屋里生不起火，用被子围起来，还是不停地写。我一九四六年到上海，因为找不到职业，情绪很坏，他写信把我大骂了一顿，说："为了一时的困难，就这样哭哭啼啼的，甚至想到要自杀，真是没出息！你手中有一支笔，怕什么！"他在信里说了一些他刚到北京时的情形。——同时又叫三姐从苏州写了一封很长的信安慰我。他真的用一支笔打出了一个天下了。一个只读过小学的人，竟成了一个大作家，而且积累了那么多的学问，真是一个奇迹。

沈先生很爱用一个别人不常用的词："耐烦"。他说自己不是天才（他应当算是个天才），只是耐烦。他对别人的称赞，也常说"要算耐烦"。看见儿子小虎搞机床设计时，说"要算耐烦"。看见孙女小红做作业时，也说"要算耐烦"。他的"耐烦"，意思就是锲而不舍，不怕费劲。一个时期，沈先生每个月都要发表几篇小说，每年都要出几本书，被称为"多产作家"，但是写东西不是很快的，从来不是一挥而就。他年轻时常常夜以继日地写。他常流鼻血。血液凝聚力差，一流起来不易止住，很怕人。有时夜间写作，竟致晕倒，伏在自己的一摊鼻血里，第二天才

被人发现。我就亲眼看到过他的带有鼻血痕迹的手稿。他后来还常流鼻血，不过不那么厉害了。他自己知道，并不惊慌。很奇怪，他连续感冒几天，一流鼻血，感冒就好了。他的作品看起来很轻松自如，若不经意，但都是苦心刻琢出来的。《边城》一共不到七万字，他告诉我，写了半年。他这篇小说是《国闻周报》上连载的，每期一章。小说共二十一章，$21×7=147$，我算了算，差不多正是半年。这篇东西是他新婚之后写的，那时他住在达子营。巴金住在他那里。他们每天写，巴老在屋里写，沈先生搬个小桌子，在院子里树荫下写。巴老写了一个长篇，沈先生写了《边城》。他称他的小说为"习作"，并不完全是谦虚。有些小说是为了教创作课给学生示范而写的，因此试验了

沈从文、巴金、张兆和、章靳以及李健吾（从左至右）

各种方法。为了教学生写对话，有的小说通篇都用对话组成，如《若墨医生》，有的，一句对话也没有。《月下小景》确是为了履行许给张家小五的诺言"写故事给你看"而写的。同时，当然是为了试验一下"讲故事"的方法（这一组"故事"明显地看得出受了《十日谈》[1]和《一千零一夜》的影响）。同时，也为了试验一下把六朝译经和口语结合的文体。这种试验，后来形成一种他自己说是"文白夹杂"的独特的沈从文体，在四十年代的文字（如《烛虚》）中尤为成熟。他的亲戚，语言学家周有光[2]曾说"你的语言是古英语"，甚至是拉丁文。沈先生讲创作，不大爱说"结构"，他说是"组织"。我也比较喜欢"组织"这个词。"结构"过于理智，"组织"更带感情，较多作者的主观。他曾把一篇小说一条一条

---

[1]《十日谈》：意大利作家乔万尼·薄伽丘（1313—1375）创作的长篇小说。

[2]周有光（1906—2017），原名周耀平，出生于江苏常州。著名语言学家，被誉为"汉语拼音之父"。著有《汉字改革概论》《世界文字发展史》《中国语文的现代化》等。沈从文与其为连襟。

地裁开，用不同方法组织，看看哪一种形式更为合适。沈先生爱改自己的文章。他的原稿，一改再改，天头地脚页边，都是修改的字迹，蜘蛛网似的，这里牵出一条，那里牵出一条。作品发表了，改。成书了，改。看到自己的文章，总要改。有时改了多次，反而不如原来的，以至三姐后来不许他改了（三姐是沈先生文集的一个极其细心，极其认真的义务责任编辑）。沈先生的作品写得最快，最顺畅，改得最少的，只有一本《从文自传》。这本自传没有经过冥思苦想，只用了三个星期，一气呵成。

他不大用稿纸写作。在昆明写东西，是用毛笔写在当地出产的竹纸上的，自己折出印子。他也用钢笔，蘸水钢笔。他抓钢笔的手势有点像抓毛笔（这一点可以证明他不是洋学堂出身）。《长河》就是用钢笔写的，写在一个硬面的练习簿上，直行，两面写。他的原稿的字很清楚，不潦草，但写的是行书。不熟悉他的字体的排字工人是会感到困难的。他晚年写信写文章爱用秃笔淡墨。用秃笔写那样小的字，不但清楚，而且顿挫有致，真是一个功夫。

他很爱他的家乡。他的《湘西》《湘行散记》和许多篇小说可以作证。他不止一次和我谈起棉花坡，谈起枫树坳——到秋天满城落了枫树的红叶。一说起来，不胜神往。黄永玉画过一张凤凰沈家门外的小巷，屋顶墙壁颇零乱，有大朵大朵的红花——不知是不是夹竹桃，画面颜色很浓，水气泱泱。沈先生很喜欢这张画，说："就是这样！"八十岁那年，和三姐一同回了一次凤凰，领着她看了他小说中所写的各处，都还没有大变样。家乡人闻知沈从文回来了，简直不知怎样招待才好。他说："他们为我捉了一只锦鸡！"锦鸡毛羽很好看，他很爱那只锦鸡，还抱着它照了一张相，后来知道竟作了他的盘中餐，对三姐说"真煞风景！"锦鸡肉并不怎么好吃。沈先生说及时大笑，但也表现出对乡人的殷勤十分感激。他在家乡听了傩戏①，这是一种古调犹存的很老的弋阳腔。打鼓的是一

①傩戏：中国传统戏曲剧种，是在民间祭祀仪式基础上吸取民间歌舞而形成的一种戏曲表演形式。木制面具为其艺术造型的重要手段，内容多与请神驱邪、酬神还愿有关。傩，音 nuó。

位七十多岁的老人，他对年轻人打鼓失去旧范很不以为然。沈先生听了，说："这是楚声，楚声！"他动情地听着"楚声"，泪流满面。

沈先生八十岁生日，我曾写了一首诗送他，开头两句是：

犹及回乡听楚声，此身虽在总堪惊。

端木蕻良[①]看到这首诗，认为"犹及"二字很好。我写下来的时候就有点觉得这不大吉利，没想到沈先生再也不能回家乡听一次了！他的家乡每年有人来看他，沈先生非常亲切地和他们谈话，一坐半天。每当同乡人来了，原来在座的朋友或学生就只有退避在一边，听他们谈话。沈先生很好客，朋友很多。老一辈的有林宰平[②]、徐志摩。沈先生提及他们时充满感情。没有他们的提挈，沈先生也许就会当了警察，或者在马路旁边"瘪了"。我认识他后，他经常来往的有杨振声、张奚若、金岳霖、朱光潜诸先生、梁思成林徽因夫妇。他们的交往真是君子之交，既无朋党色彩，也无酒食征逐。清茶一杯，闲谈片刻。杨先生有一次托沈先生带信，让我到南锣鼓巷他的住处去，我以为有什么事。去了，只是他亲自给我煮一杯咖啡，让我看一本他收藏的姚茫父[③]的册页。这册页的芯子只有火柴盒那样大，横的，是山水，用极富金石味的墨线勾轮廓，设极重的青绿，真是妙品。杨先生对待我这个初露头角的学生如此，则其接待沈先生的情形可知。杨先生和沈先生夫妇曾在颐和园住过一个时期，想来也不过是清晨或黄昏到后山谐趣园一带走走，看看湖里的金丝莲，或写出一张得意的字来，互相欣赏欣赏，其余时间各自在屋里读书做事，

---

①端木蕻良（1912—1996），原名曹汉文，又名曹京平，笔名黄叶、罗旋等。辽宁省昌图县人。现代著名作家、小说家。主要作品有长篇小说《科尔沁旗草原》《大地的海》，短篇小说集《土地的誓言》及长篇历史小说集《曹雪芹》等。

②林宰平：即林志钧（1878—1961），字宰平，号北云，福建闽县人。闽派著名诗人。辛亥革命前留学日本。曾任北洋政府司法行政部部长，后为清华研究院导师。1949年后为国务院参事室参事。有《帖考》《林宰平先生书画集》及诗集《北云集》等行世。

③姚茫父：即姚华（1876—1930年），字重光，号茫父，别署莲花龛主，贵州贵筑人（今贵阳）。书画家、经史学家、词曲家、艺术教育家。有《弗堂类稿》三十一卷行世。

如此而已。沈先生对青年的帮助真是不遗余力。他曾经自己出钱为一个诗人出了第一本诗集。一九四七年，诗人柯原[①]的父亲故去，家中拉了一笔债，沈先生提出卖字来帮助他。《益世报》登出了沈从文卖字的启事，买字的可定出规格，而将价款直接寄给诗人。柯原一九八〇年去看沈先生，沈先生才记起有这回事。他对学生的作品细心修改，寄给相熟的报刊，尽量争取发表。他这辈子为学生寄稿的邮费，加起来是一个相当可观的数字。抗战时期，通货膨胀，邮费也不断涨，往往寄一封信，信封正面反面都得贴满邮票。为了省一点邮费，沈先生总是把稿纸的天头地脚页边都裁去，只留一个稿芯，这样分量轻一点。稿子发表了，稿费寄来，他必为亲自送去。李霖灿[②]在丽江画玉龙雪山，他的画都是寄到昆明，由沈先生代为出手的。我在昆明写的稿子，几乎无一篇不是他寄出去的。一九四六年，郑振铎、李健吾先生在上海创办《文艺复兴》，沈先生把我的《小学校的钟声》和《复仇》寄去。这两篇稿子写出已经有几年，当时无地方可发表。稿子是用毛笔楷书写在学生作文的绿格本上的，郑先生收到，发现稿纸上已经叫蠹虫蛀了好些洞，使他大为激动。沈先生对我这个学生是很喜欢的。为了躲避日本飞机空袭，他们全家有一阵住在呈贡新街，后迁跑马山桃源新村。沈先生有课时进城住两三天。他进城时，我都去看他，交稿子，看他收藏的宝贝，借书。沈先生的书是为了自己看，也为了借给别人看的。"借书一痴，还书一痴"，借书的痴子不少，还书的痴子可不多。有些书借出去一去无踪。有一次，晚上，我喝得烂醉，坐在路边，沈先生到一处演讲回来，以为是一个难民，生了病，走近看看，是我！他和两个同学把我扶到他住处，灌了好些酽茶，我才醒过来。有一回我去看他，牙疼，腮帮子肿得老高。沈先生开了门，

①柯原：1931年出生于湖南新晃，侗族。笔名路苇、夏季。中国当代诗人。曾在广州军区文化部文艺处任职。有诗集《露营曲》《白云深处有歌声》《现代求索者》《柯原抒情诗精选》《柯原作品选萃》，散文诗集《野玫瑰》《南方的爱情》等。

②李霖灿（1913—1999），河南辉县人。画家、艺术史学家。曾任台北故宫博物院副院长。著有《中国美术史讲座》《中国名画研究》《中国画史研究论集》等。

一看，一句话没说，出去买了几个大橘子抱着回来了。沈先生的家庭是我见到的最好的家庭，随时都在亲切和谐气氛中。两个儿子，小龙小虎，兄弟怡怡。他们都很高尚清白，无丝毫庸俗习气，无一句粗鄙言语，——他们都很幽默，但幽默得很温雅。一家人于钱上都看得很淡。《沈从文文集》的稿费寄到，九千多元，大概开过家庭会议，又从存款中取出几百元，凑成一万，寄到家乡办学。沈先生也有生气的时候，也有极度烦恼痛苦的时候，在昆明，在北京，我都见到过，但多数时候都是笑眯眯的。他总是用一种善意的、含情的微笑，来看这个世界的一切。到了晚年，喜欢放声大笑，笑得合不拢嘴，且摆动双手作势，真像一个孩子。只有看破一切人事乘除，得失荣辱，全置度外，心地明净无渣滓的人，才能这样畅快地大笑。

沈先生五十年代后放下写小说散文的笔（偶然还写一点，笔下仍极活泼，如写纪念陈翔鹤①文章，实写得极好），改业钻研文物，而且钻出了很大的名堂，不少中国人、外国人都很奇怪。实不奇怪。沈先生很早就对历史文物有很大兴趣。他写的关于展子虔游春图的文章，我以为是一篇重要文章，从人物服装颜色式样考订图画的年代的真伪，是别的鉴赏家所未注意的方法。他关于书法的文章，特别是对宋四家的看法，很有见地。在昆明，我陪他去逛街，总要看看市招，到裱画店看看字画。昆明市政府对面有一堵大照壁，写满了一壁字（内容已不记得，大概不外是总理遗训），字有七八寸见方大，用二爨②掺一点北魏造像题记笔意，白墙蓝字，是一位无名书家写的，写得实在好。我们每次经过，都要去看看。昆明有一位书法家叫吴忠荩，字写得极多，很多人家都有他的字，

---

①陈翔鹤（1901—1969），重庆人。现代作家、出版家、文史专家。曾任四川省文联副主席、四川大学教授，主编《文学遗产》和《文学研究季刊》。有历史小说《陶渊明写〈挽歌〉》《广陵散》及《陈翔鹤选集》等。

②二爨：指《爨宝子碑》和《爨龙颜碑》，为云南省东部曲靖县的两通南朝碑刻。书体在隶楷之间，是汉字由隶变正过程中的一种风格。其与北朝碑志相呼应，在书法史上有着重要的研究价值。爨，音 cuàn。

家家裱画店都有他的刚刚裱好的字。字写得很熟练，行书，只是用笔枯扁，结体少变化。沈先生还去看过他，说："这位老先生写了一辈子字！"意思颇为他水平受到限制而惋惜。昆明碰碰撞撞都可见到黑漆金字抱柱楹联上钱南园①的四方大颜字，也还值得一看。沈先生到北京后即喜欢搜集瓷器。有一个时期，他家用的餐具都是很名贵的旧瓷器，只是不配套，因为是一件一件买回来的。他一度专门搜集青花瓷。买到手，过一阵就送人。西南联大好几位助教、研究生结婚时都收到沈先生送的雍正青花的茶杯或酒杯。沈先生对陶瓷赏鉴极精，一眼就知是什么朝代的。一个朋友送我一个梨皮色釉的粗瓷盒子，我拿去给他看，他说："元朝东西，民间窑！"有一阵搜集旧纸，大都是乾隆以前的。多是染过色的，瓷青的、豆绿的、水红的，触手细腻到像煮熟的鸡蛋白外的薄皮，真是美极了。至于苗纸、高丽发笺，那是凡品了。（他搜集旧纸，但自己舍不得用来写字。晚年写字用糊窗户的高丽纸，他说："我的字值三分钱。"）

在昆明，搜集了一阵耿马漆盒。这种漆盒昆明的地摊上很容易买到，且不贵。沈先生搜集器物的原则是"人弃我取"。其实这种竹胎的，涂红黑两色漆，刮出极繁复而奇异的花纹的圆盒是很美的。装点心，装花生米，装邮票杂物均合适，放在桌上也是个摆设。这种漆盒也都陆续送人了。客人来，坐一阵，临走时大都能带走一个漆盒。有一阵研究中国丝绸，弄到许多大藏经的封面，各种颜色都有：宝蓝的、茶褐的、肉色的，花纹也是各式各样。沈先生后来写了一本《中国丝绸图案》。有一阵研究刺绣。除了衣服、裙子，弄了好多扇套、眼镜盒、香袋。不知他是从哪里"寻摸"来的。这些绣品的针法真是多种多样。我只记得有一种绣法叫"打子"，是用一个一个丝线疙瘩缀出来的。他给我看一种绣品，叫"七色晕"，用七种颜色的绒绣成一个团花，看了真叫人发晕。他搜集、研究这些东西，不是为了消遣，是从发现、证实中国历史文化的优越这

---

①钱南园：即钱沣（1740—1795），字东注，号南园，云南昆明人。清代书画家。著有《南园集》等。

个角度出发的，研究时充满感情。我在他八十岁生日写给他的诗里有一联：

> 玩物从来非丧志，
>
> 著书老去为抒情。

沈从文

这全是记实。沈先生提及某种文物时常是赞叹不已。马王堆那副不到一两重的纱衣①，他不知说了多少次。刺绣用的金线原来是盲人用一把刀，全凭手感，就金箔上切割出来的。他说起时非常感动。有一个木俑(大概是楚俑)一尺多高，衣服非常特别：上衣的一半(连同袖子)是黑色，一半是红的；下裳正好相反，一半是红的，一半是黑的。沈先生说："这真是现代派！"如果照这样式(一点不用修改)做一件时装，拿到巴黎去，由一个长身细腰的模特儿穿起来，到表演台上转那么一转，准能把全巴黎都"镇"了！他平生搜集的文物，在他生前全都分别捐给了几个博物馆、工艺美术院校和工艺美术工厂，连收条都不要一个。

沈先生自奉甚薄。穿衣服从不讲究。他在《湘行散记》里说他穿了一件细毛料的长衫，这件长衫我可没见过。我见他时总是一件洗得褪了色的蓝布长衫，夹着一摞书，匆匆忙忙地走。解放后是蓝卡其布或涤卡的干部服，黑灯芯绒的"懒汉鞋"。有一年做了一件皮大衣（我记得是从房东手里买的一件旧皮袍改制的，灰色粗线呢面），他穿在身上，说是很暖和，高兴得像一个孩子。吃得很清淡。我没见他下过一次馆子。在昆明，我到文林街二十号他的宿舍去看他，到吃饭时总是到对面米线铺吃一碗一角三分钱的米线。有时加一个西红柿，打一个鸡蛋，超不过两角五分。三姐是会做菜的，会做八宝糯米鸭，炖在一个大砂锅里，但不常

---

①纱衣：指1972年湖南长沙马王堆汉墓出土的素纱襌（音dān）衣。

做。他们住在中老胡同时，有时张充和骑自行车到前门月盛斋买一包烧羊肉回来，就算加了菜了。在小羊宜宾胡同时，常吃的不外是炒四川的菜头，炒茨菇。沈先生爱吃茨菇，说"这个好，比土豆'格'高"。他在《自传》中说他很会炖狗肉，我在昆明，在北京都没见他炖过一次。有一次他到他的助手王亚蓉家去，先来看看我（王亚蓉住在我们家马路对面，——他七十多了，血压高到二百多，还常为了一点研究资料上的小事到处跑），我让他过一会来吃饭。他带来一卷画，是古代马戏图的摹本，实在是很精彩。他非常得意地问我的女儿："精彩吧？"那天我给他做了一只烧羊腿，一条鱼。他回家一再向三姐称道："真好吃。"他经常吃的荤菜是：猪头肉。

他的丧事十分简单。他凡事不喜张扬，最反对搞个人的纪念活动。反对"办生做寿"。他生前累次嘱咐家人，他死后，不开追悼会，不举行遗体告别。但火化之前，总要有一点仪式。新华社消息的标题是沈从文告别亲友和读者，是合适的。只通知少数亲友。——有一些景仰他的人是未接通知自己去的。不收花圈，只有约二十多个布满鲜花的花篮，很大的白色的百合花、康乃馨、菊花、菖兰。参加仪式的人也不戴纸制的白花，但每人发给一枝半开的月季，行礼后放在遗体边。不放哀乐，放沈先生生前喜爱的音乐，如贝多芬的"悲怆"奏鸣曲等。沈先生面色如生，很安详地躺着。我走近他身边，看着他，久久不能离开。这样一个人，就这样地去了。我看他一眼，又看一眼，我哭了。

沈先生家有一盆虎耳草，种在一个椭圆形的小小钧窑盆里。很多人不认识这种草。这就是《边城》里翠翠在梦里采摘的那种草，沈先生喜欢的草。

一九八八年五月二十六日

作者简介

　　汪曾祺（1920—1997），江苏高邮人。当代著名作家、戏剧家。毕业于西南联大中文系，师从沈从文。毕业后当过中学教师、历史博物馆职员。历任北京市文联干部、《北京文艺》编辑、北京京剧院编辑。被誉为"中国最后一个士大夫"。

　　代表作品有短篇小说《受戒》《大淖记事》《鸡鸭名家》《异秉》，小说集《邂逅集》《晚饭花集》《茱萸集》，散文集《逝水》《蒲桥集》《孤蒲深处》《人间草木》《旅食小品》《矮纸集》《汪曾祺小品》，文学评论集《晚翠文谈》，京剧剧本《范进中举》等。

编辑缀语

　　沈从文与汪曾祺是文学界的一对著名师生，亦师亦友，情同父子。从西南联大拜师两人就密切交往，联大肄业后，汪曾祺生活受挫，情绪低落，最落魄的时候，甚至想到自杀，是老师沈从文把他骂醒："为了一时的困难，就这样哭哭啼啼的，甚至想到要自杀，真是没出息！你手中有一支笔，怕什么！"是沈从文找人帮助汪曾祺，使其度过了人生的低谷。在反"右"运动中，汪曾祺因文获罪，被下放劳动，在孤寂苦闷的时候，是沈从文给了他精神上的鼓励。20世纪80年代，汪曾祺终于凭借《受戒》等小说成名，沈从文总是对别人推荐说他的文章胜于自己。不管是从师生情谊还是文学风格与流派的传承、发扬上，汪曾祺都成为继承和发扬沈从文的不二人选，这已成公认的事实。文中作者对老师的怀念之情如一支温暖的溪流，从胸中缓缓流出。

我被申斥得汗流浃背。心里说：
这位老师真严，但我很佩服他。
我觉得现代一般大学教授，
只会阿谀学生，讨好学生，
哪敢严正地申斥学生，
像钱师这样的老师，实在难得。

追忆我的老师钱穆先生

孙国栋

大约三十年前，钱师住在沙田，我也住在沙田，有一次，内子①冰姿见到钱师后对我说："古人云：'腹有诗书气自华'，钱师自有一种不同于流俗的风采。真是'大师的气象'。"我笑说："钱师本来就是学术大师，当然有'大师的气象'。"但"气象"两字，稍涉虚玄，见过钱师的人可以体会，未见过钱师的人，恐怕未能体会，不如换一种较具体的形容辞。如孔子自况说"发愤忘食，乐以忘忧"，"学而不厌，诲人不倦"。描写出一位非常人物的现实生活，很容易使人认识，钱师正是如此。《论语》也有两句话，较为具体："望之俨然，而即之也温。"我有非常具体的领会。

我入研究所的第三天，就被钱师申斥。以后望见钱师，不期然有"俨然"的感觉；但后来当我向他请教些学术问题时，他的态度非常温和

---

①内子：中国传统上，与他人交谈时称自己的妻子。相较同义词"内人"更有尊敬之意。

而亲切，真是"即之也温"。

让我告诉你我被申斥的经过罢——研究所开学的第一天第一课。钱师问我读过哪些学术性的中国书。我把我读过学术性的中国书列单报告他。他看了说：先读我著的《国史大纲》罢。

其实我在政大毕业后不久，在澳门的华南大学滥竽充数教历史，我不敢告诉钱师，对《国史大纲》已经浏览过，因"浏览"不同于阅读，所以不好列入已读的书目内。第三天上第二课，钱师问我："《国史大纲》读了多少？"我说读了一百多页。钱师的面色已不大好。他又问我"有些什么意见"。我随便说了几点小意见。他说："你完全未领会《国史大纲》的作意。你为什么两天只看了百余页？"我说："因为最近很忙。"钱师发怒说："现代的学生，躲懒读书，常用最近'很忙'为藉口，朱子说做学问要有'救火'、'追亡'般迫切的心情，排百事而为之，然后才有可成，哪里能够闲闲散散地读书。我这所研究所是要找些能献身于学术的青年，你既已愿献身于学术，哪里能因些俗务而荒疏学业。"

我被申斥得汗流浃背。心里说：这位老师真严，但我很佩服他。我觉得现代一般大学教授，只会阿谀学生，讨好学生，哪敢严正地申斥学生，像钱师这样的老师，实在难得。所以我仍然选修历史，请钱师为我的指导老师。

钱穆讲学图

《国史大纲》中指出唐代是中国政治制度发展高峰期。由汉代中央政府的"九寺制"发展为唐代的"六部九寺制"①；由汉代丞相一人独相制度发展到唐代"政事堂"的群相制；汉代皇帝的诏令，只能由丞相一人封驳，封驳之外又有"中书""门下"两省的谏官弹劾。宰相们办公的"中书政事堂"又可以议论皇帝的得失。自从中唐三省制破坏以后，政制一直败坏至今日，所以我很想研究唐代的宰相制度。于是先读《新唐书》的《宰相表》。

　　《宰相表》是欧阳修的名作，历代学者无不称赞，不料我发觉《宰相表》仍有不少漏误。我每天在图书馆的大堂工作，钱师则每日到图书馆的研究室工作，他每日入研究室之前，多来看我工作。我为了要全部找出《宰相表》的漏误，于是我设计了一个表，以唐代的宰相横列于表头为经，以时序（如朝代、年、月）横排为纬，依照《宰相表》的次序，凡入为宰相的列名于时间的格内。该官员迁官而仍任宰相或迁官而罢相由另一官继续任宰相的，都用红线标出，如果红线断绝，或红线绘划有困难时，即表示《宰相表》于此处有问题，便翻阅此人的本传以找出漏误的原因，而加以说明。

　　结果找出《宰相表》漏误数十处之多。钱师说："你这方法很好，可见研究问题并无固定的方法，每一问题要独出心裁来解决。"钱师又要我先写一篇"唐书宰相表初校"，然后再定硕士的论文题目。于是我写了第一篇学术性的论文《唐书宰相表初校》，发表于《新亚学报》第二卷第一期。

　　当定硕士论文题目时，钱师说："硕士论文必须要对历史问题有点发现，不然不能称为硕士论文，所以撰硕士论文必须要了解自己的学术背景和自己的志趣，然后才能写得好。故硕士论文的题目不能由老师替

---

　　①六部九寺制：唐代的中央官僚制度。在中书省、门下省、尚书省三省的尚书省下，设吏、户、礼、兵、刑、工六部。九寺分别是光禄寺、太仆寺、太常寺、宗正寺、大理寺、卫尉寺、鸿胪寺、少府寺、太府寺，是与六部基本平级的独立中央职能部门，且职权与六部多有重叠。

你定，因为老师未必能了解你的学术背景，更不知你的志趣，必须由你自己定。"我说："我想做'唐代三省制的发展研究'，如何？"钱师说："很好，你既是国立政治大学的政治系毕业，又研究过唐代《宰相表》。对这题目都有帮助，你努力工作罢，如有疑难，自己找书本解决，如果书本都不能解决的，问我，我也未必能解决。为学必须奋勇，自力向前，尤贵坚忍沉着，专心致志。"

钱师又告诉我一个小故事说："我在武汉大学教书时，有两位很聪明的学生，第一位，我劝他留校做研究，他犹豫多时说要去办一袜厂赚钱，我见他意志不坚，必难有成，于是放弃了他；第二位是严耕望①，他很聪明而内敛，意志坚定，我知他必然有成，留他继续研究，果然，他不负我所望，完成了几部巨著，成为全球研究政治制度史成绩最高的人。你好自为之罢。"后来我的《唐代三省制的发展研究》写成，发表于《新亚学报》第三卷第一期，钱师告诉我说哈佛的杨联陞②教授很称赞我这文章。

钱师又推荐我的"唐宋之际社会门第消融"研究，获得美国哈佛大学燕京学社的经费补助。于是我根据两《唐书》《新五代史》和《宋史》三书千余人的本传，分析他们的家世，以决定他们所属的社会阶层，作为研究的基础。再分析门第所以消融的原因。当时，日本研究"中国学"的，对这问题很注意，所以不少日本学者，引述我的文章作为论据。

不久，我迁居沙田。一天的傍晚，接钱师的电话，说现在的居所晚上很嘈杂，不宜于读书写作，很想找一处乡村清静的住所。报载沙田和风台有房子出租，着我先去看看。于是我立即去和风台。和风台就在西林寺的后山，可以由西林寺拾级上达，又可以绕过西林寺经过狭窄的乡

---

① 严耕望（1916—1996），名德厚，字耕望，号归田，安徽桐城人。著名历史学家。中国文化研究所、新亚研究所研究员、教授。著有《秦汉地方行政制度》《唐代交通图考》《唐仆尚丞郎表》等。

② 杨联陞（1914—1990），原名莲生，后以莲生为字。生于河北保定，原籍浙江绍兴。著名历史学家。毕业于清华大学经济系，后获美国哈佛大学硕士学位。主要著作有《晋书食货志译注》《中国货币与信贷简史》《中国制度史研究》《汉学散策》及《杨联陞论文集》等。

村小径而达，出入虽然不便，但房子不错，有广阔的回廊，下临西林寺，对面群山苍翠，风景不恶，可以凭栏远眺。回廊之旁有两间大而通爽的房子，可以读书写作。我电复钱师，钱师和师母来看了，很喜欢，不久便迁入。

自从钱师迁入沙田，每天五时半放学，我陪钱师乘火车返沙田，下车后，我总是陪钱师走一段路到西林寺后分别。在途中，我们或叙家常，或谈文学音乐，或请教钱师一些学术问题。钱师总是笑语温和，指导我各种问题，这段时间是我学识长进最多的阶段。

记得有一次，我告诉钱师在抗战时期，初入政治大学不久，冯友兰先生的《新理学》出版，声名大盛，来政大讲学一星期，同学们震于他的声名，第一讲听讲的人很多，课室太小，转换了三次课室。他讲的内容，大概是"中庸"。他的口才不好，反复念了几次"致广大而尽精微，极高明而道中庸"。但解释得不清楚。一位同学请他举一实例，他总是期期艾艾①的说不清楚。

钱师说："这两句话举实例并不难。最广大的事物，莫如全体人类，而人类能够共存，所赖的是人性中有共通点，此共通点岂非极精微的？如缺乏此精微的共通点，则人类的生活将不知如何了。'极高明而道中庸'一语亦复如是，一种极高明能为众人所推崇而遵从的道理，必然是在众人心中有根苗的，然后他们才能对他的思想起共鸣而追随他的道理。如果他的思想，是他自己兀兀独造而得的，在众人心中没有根苗，则众人不会对他的思想起共鸣，所以凡是为大众奉行的高明思想必然在众人的庸言庸行中蕴有根苗，所以说'极高明而道中庸'。"

冯友兰先生期期艾艾说不清的道理，钱师几句话便说清楚，使我豁然而悟。所以冯友兰先生讲学的第五天，只得听众十人了。后来我们又谈到音乐，钱师对音乐的修养极高，我告诉他："一九四五年抗战胜利，

---

①期期艾艾：形容口吃的人吐辞重复，说话不流利，典出《史记·张丞相列传》和南朝刘义庆的《世说新语·言语》。

我从新一军退伍返南京复学。翌年，政府举行行宪的国民大会，名艺人梅兰芳和程砚秋都来演唱助兴。我刚巧在政治大学毕业，被派到会场帮忙，于是有幸能听到两大艺人的演艺。我觉得程砚秋的演出非常动人，而对梅兰芳却不懂得欣赏，但梅兰芳的名气比程砚秋高，喝彩的人，梅的比程的更多。我实在不懂，后来请教一位很懂京剧的朋友，他说'程固然唱得好，但有一两个音仍有缺点；梅则每一个音都完足而饱满，无有缺点，确是比程稍胜一筹'。"钱师说："孟子云'充实之为美'，这句话非常有智慧，内涵极丰富。有许多美术、文学和音乐的形容词，只可以神会，不可以言传的。"于是我对孟子更觉神往。

有一天，杂志上刊出一篇文章，指钱师于经、史、子、集四部学中只懂史学，不懂经学，不懂子学，不懂集学。在火车上我把该文给钱师看。他看了，微笑说："此人既不懂中国学术的流变，更不懂中国学术的特性。中国学术分为经、史、子、集四部是晋代以后的事，汉代以前只有王官之学与平民之学的分野，中国学术不能各自独立严格地分为四部，如果不通子学，如何能治国史，史学不是只作一些饾饤①考据而足，必须总揽历代社会的变迁，关心国史上的大问题，了解各种思想观念对民众的影响，不如此，如何能治史？尤其治春秋战国秦汉时期的古史，如果不通子学是不可能的，所以中国的大学者，都是兼通四部学的。他们虽然不以某学名家，但是必须兼通诸学的。例如范仲淹，《宋元学案》中有《高平学案》，你是读过的，他当然是思想家。他的《岳阳楼记》和《严先生祠堂记》，是极好的文章，《古文观止》都选载了，你读过吗？他所填的词也是极好的。"

我说："《岳阳楼记》和《严先生祠堂记》，我还能背诵，他填的《御街行》词，我很喜欢。尤其喜欢词的后段：'年年今夜，月华如练，长是人千里！'非常感人。"钱师说："他是思想家和文学家。他任宰相，建

①饾饤：将食品堆放在器皿中摆列出来。比喻文辞的罗列、堆砌。

议'庆历变政'①，他又是政治家，他罢相后，镇守西边，当时的军士唱'军中有一范，西贼闻之惊破胆'。则他又是一位好将军。你看，他是思想家、文学家、政治家、军事家……中国人的学问常是混合一起的。又譬如司马光，是个最诚笃朴实的人；他致力于《资治通鉴》二十余年，但仍然不废文学。你读过他的诗词吗？"我说："读过。他的《明妃诗》，和他的《西江月》词我都很喜爱，尤其'相见争如不见，有情还似无情，笙歌散后酒微醒，深院月明人静'。多么蕴藉而有情致。"

钱师说："所以司马光是兼通史学、文学、经学和思想的。王安石更不用说了，他自况说'无书不读'的。欧阳修何尝不是如此？他不但是极伟大的大文豪，他著的《新唐书》和《新五代史》，不但具备了刘知几所称的'史识''史学''史才'，更具备了章学诚所说的'史德'，我认为他更别具'史心'，说我不通经学，真是太可笑了。一般人以为'经'就是《诗》《书》《易》《礼》《春秋》几本旧书，为这几本旧书作注疏就是'经学'。于是经学成为书斋里的静态学问，殊不知经学是一种指导社会思想、领导政府订立制度、涤除政治的污垢，以推动社会进步的一种动的学问。孔子的思想，原是社会的新思想，后来它上撼政府，领导政府，于是《春秋》变成为'经'。这点道理连经学大师杜预②和文史学大师章学诚都不懂，以为孔子只是绍述周公，有德而无位，不应有所制作。殊不知孔子的《春秋》，是经，是子，也是史，经学大师尚无此认识，何况一些陋儒？此人讥我不懂经学，真是可笑，其实我青年时所著的《孔子要略》《孟子要略》两书已是经学；后来写的《向歆父子年表》，是为

①庆历变政：1043年（宋庆历三年），以范仲淹（989—1052）为首的朝臣，针对当时政治的弊端，提出十项改革方略，主张建立严密的仕官制度，注重农桑，整顿武备，推行法制，减轻徭役。建议被宋仁宗采纳，范仲淹被授予参知政事，主持改革事宜，史称"庆历新政"，又叫"庆历变政"。

②杜预（222—285），字元凯，京兆杜陵（今陕西西安东南）人。西晋时期的政治家、军事家和学者。著有《春秋左氏经传集解》《春秋释例》等。他是明朝以前唯一一个同时进入文庙和武庙的人。

中国经学翻了一大案，《先秦诸子系年》是由春秋战国至秦二百年间的诸子学，也是经学。"

钱师这番话，真是中国学术史上"石破天惊"的话。我又问钱师"史心"的义理，钱师说："史心是要探讨历史人物行为的动机与心态，这是超乎史学、史识、史才、史德之外的。司马光为什么要修《资治通鉴》？欧阳修为什么要修《新五代史》？范仲淹为什么要行'庆历变政'？王安石为什么要推行'熙宁新政'①？要认识他们当时的心态然后才可以得到较深入的了解。"这时火车已到沙田，我们下车，谈话也中止了。

有一次，我写了一篇《唐贞观永徽间党争试释》，送钱师过目。翌日，钱师把文章还给我，全文只替我删去一个字，说："你这文章写得不错，唐初的党争，自从陈寅恪先生提出'关陇集团'②一名以后，全球学者奉之为圭臬，用'关陇集团'的势力来解释初唐史实。你能不囿于众说，独提三王之争以补正'关陇集团'一观念，可见你读书有得。但寅恪先生是你的老前辈，你的态度必须庄重，不能轻浮。你这个字，表现得有点轻浮，删去了就淳正。你不要以为一字之微没问题。古人的文章，很注意一字的订正。范仲淹的《严先生祠堂记》后面的赞语，本来是'云山苍苍，江水泱泱，先生之德，山高水长'。友人说'德'字不如'风'字，仲淹听了，极口称谢，立即把'德'字改为'风'字。又传说：欧阳修为韩琦撰的《昼锦堂记》，文成后贴在墙上，读了数十遍，觉得可以了，于是使人送去。文章才送出，觉得头两句太促，于是使人快马追回文章，在头两句加上'而'字，成为'仕宦而至将相，富贵而归

①熙宁新政：又称王安石变法。1069年（宋熙宁二年），王安石被宋神宗任命为参知政事，在政治、经济、军事、社会、文化各个方面开始改革，以图改变北宋建政以来积贫积弱的局面。这是中国历史上继商鞅变法之后又一次规模巨大的社会变革运动。

②关陇集团：陈寅恪在史学研究中提出的一种学术概念。关陇集团包括了北魏时期陕西关中和甘肃陇山周围的主要门阀军事势力。西魏、北周、隋、唐四代皇帝都出自这个集团。"关"指今陕西关中地区，"陇"指今甘肃乌鞘岭以东，宝鸡以西地区及宁夏全境。

故乡'。果然加上'而'字后，读起来气韵和谐多了。"我称谢而退。

又有一次，好像是中秋节，钱师和师母邀请研究所的单身研究生到沙田叙会，我因家住沙田，所以也得参加。这天，钱师和师母都兴致甚高。晚饭后，钱师大谈孔子的休闲生活，他说："孔子闲居，总是很活泼而有生气的。他好音乐，在齐国听到韶乐，因为欣赏韶乐音韵之美，竟至三个月不知肉味；他听别人唱歌，如果唱得好，必请人再唱，然后他也和唱，他于是日哭过则不歌。可见他平时每日必歌的。"

同学们知道钱师也喜欢音乐，而且擅吹箫，于是坚请钱师表演。钱师提出条件，要同学们离开校歌的歌谱，背诵歌词如唱歌一般流畅。当时有三位同学参加背诵，但因离开了歌谱，背诵不很流畅。最后内人自告奋勇参加背诵，果然她背诵得非常流畅，同学们都非常奇怪，她既不是新亚学生，而竟对新亚校歌的歌词背诵得如此纯熟。她说："我认为新亚校歌的歌词充满哲思，充满理想，充满感情，有无比的魅力，是一首美丽的诗篇，常常诵读，所以今夜能背诵如流，朗朗上口。"

钱师十分高兴。

这时有一位同学问："校歌第二节'十万里上下四方俯仰锦绣；五千载今来古往一片光明'，中国历史上暴恶的政治与残贼的人不少，这两句话是否有点溢美。"钱师笑笑说："这不是你一个人心中的问题，是大多数时代青年心中的疑问，你今日提出来问，很好。这是个人与群体之不同。从个人看，每人都可能有些自私邪恶的念头，但是从群体看，群体人人的心中，总是希望社会进步，人人安宁快乐的，这点非常重要。这是历史文化的光明处，它具有强大的力量，所以社会尽管有种种罪恶，而社会仍然在进步。能认取这点光明，人才是乐观的，对文化有信心的。从这点去认识，才可以了解校歌这两句。新亚的师生，不仅要有此信心，还要强化这信心，使社会进化更有力量。"

歇了一会，钱师又说："近代的知识分子常错误地把社会上的陋俗观念视为中国文化的传统，殊不知中国文化的大传统在先秦时已凝结成一种理性的文化，确认仁爱正义的道德价值。现代一般知识分子忘记了此中国文化的大传统，而以社会的陋俗为中国文化的传统，可说是一种罪恶性的错误。他们又喜欢作文化的反思，文化的反思是对的。但反思必应两方面：一方面检讨文化的弱点而加以改造；另一方面必须检讨文化的强处而加以发扬。一个长久生存的民族，它的民族文化必然带有该民族赖以生存的力量，因为一个长久生存的民族，他必然经历了不少艰难同时又克服了不少艰难，他的民族文化必然吸收了不少能克服艰难的精神，这是非常珍贵的。"

这时已深夜，同学们催钱师表演，钱师于是吹箫。音调优雅而有韵味。此时金风玉露，明月在天，真是一个内容丰富而有情调的良夜！

有一次，在火车上，钱师对我讲述一个游南岳的故事。其实这故事以前在班上已说过的，可见钱师对这故事很重视。钱师说年青时很健行，有一次游南岳，发觉有一寺院，庙貌特别庄严而开阔，使人起一种安详宁谧而和平清静的感觉。抗战时，日军的炮火把南岳的寺院毁坏了。战后钱师重游南岳。这时，该寺换了新的方丈。他围着寺院遍种夹竹桃。这时夹竹桃盛开，游人不少，无不称赞夹竹桃美丽。钱师却愀然不乐，觉得这寺院没有前途了，因为夹竹桃最高不过三丈，寿命最长不过三十年，则三十年后，此寺仍是一无所有。方丈是一寺的主持人，他应该为该寺院种松种柏。松柏寿可千年，高可千尺，他为了短暂的繁华，不种松和柏，而种夹竹桃，他的眼光如此短浅，胸襟如此狭窄，如何能把寺院发展呢？

钱师轻轻道来，却使我心惊不已。我自己是在种夹竹桃呢还是在种松柏？以后时时为此故事而警惕。李白诗云："松柏虽苦寒，羞逐桃李春。"此李白所以为李白，钱师常常轻轻一语，而使听者终生受用。不久钱师离开了沙田，我也离开了沙田，从此，同行问道之乐，只能在回忆中了。

作者简介

　　孙国栋（1922—2013），广东番禺人。历史学家、哲学家。毕业于台湾政治大学，获香港大学哲学博士学位。曾任香港中文大学历史系主任兼新亚研究所所长。

　　主要著作有《唐代重要文官迁转途径之研究》《唐宋史论丛》等。

编辑缀语

　　在众多回忆钱穆先生的文章中，这一篇是极有特色的。作者为我们描绘出一位严厉又"即之也温"的国学大师的风采。

　　他训斥自己的学生：既已愿献身学术，哪能因俗务而荒疏学业。读书做学问要有"救火""追亡"般的心情，排百事而为之。他指导学生撰写论文：要在了解自己的学术背景和志趣的情况下，对历史问题有点发现，然后才能写得好。他勉励自己的学生：为学必须奋勇，自力向前，尤贵坚忍沉着，专心致志。他与学生探讨学术流变，纵横捭阖，上下千年，经史子集，详解数例，阐述其演变与融合的脉络。

　　中秋佳节叙会，硕儒学子的欢聚颇有沂水舞雩之遗风。在老师家中，同学们在背诵"十万里上下四方俯仰锦绣；五千载今来古往一片光明"的新亚校歌的同时，也铭记了钱穆大师对传统文化的检讨以及对近世知识分子的反思。知往鉴来，谈文论道，金风玉露，明月在天，箫声优雅，韵味悠长，极好地烘托了一代大师的人文情怀。

　　文章结尾是意味深长的。要留存千年的庙宇不去栽培万年长青的松柏，却遍种讨巧喜人、生命周期极短的夹竹桃，眼光胸襟如此短浅狭隘的方丈如何让庙宇发展？我们对文化、历史的学习与研究，不是也要作如是观么！

绀弩已经成为一部情感的老书。

朋友们聚在一起时一定要翻翻他。

因为他是我们的"珍本"，

是用坚韧的牛皮纸印刷的。

往事和散宜生诗集

——回忆聂绀弩

黄永玉

十年动乱时，我最不老实之处就是善于"木然"。没有反映、没有表情（老子不让你看到内心活动）。我有恃无恐，压人的几座大山，历史、作风、家庭出身在我身上没有影响，不成气候。

动乱初期我倒是真诚地认了罪的。喜欢封、资、修文学、音乐、喜欢打猎，还有许多来往频繁的右派朋友。这玩意恐怕至今还在我的档案袋里。江丰①同志平反后回中央美院负责工作，有一次在我家聊天时，我

---

①江丰（1910—1982），原名周熙，祖籍上海。当代版画家、美术评论家。1938年赴延安，任鲁迅艺术学院副主任。1949年后，曾任中央美术学院院长、中国美术家协会主席。出版有《江丰美术论集》。

提起过"定案"中有同情右派江丰、彦涵①等人的材料，我在上面签过字会不会使一些人为难时，江丰同志说：让它留在里头更好！

到了动乱中末期，曾要我认罪的那些"接罪"朋友们的"德行"也在铺天盖地的大字报中灿烂地出现了，可真是今古奇观，妙不胜收。不要以为我看到这些大字报会手舞足蹈，喜形于色。那才不咧！我"天低吴楚，眼空无物"，我"目眇眇兮愁予"，我"起看星斗正阑干"。我世故之极，面对大字报，一视同仁，缓步而行……心里呢？可确实痛快！好家伙！原来如此，这些伪君子！我发现了自己，这简直值得从长计议，细细推敲。比起他们，我的天！我怎么忘记了自己是个好人？

从那天起，我开始感觉到记忆力的猛然恢复，一种善良意念在为我几十年来的师友们逐个地做着"精神平反"。用这种活动打发在"牛棚"里呆坐着的时光。

什么狗屁罪啊！

我的那些年长的、同年的和比我年幼的受难的师友们在哪里啊？你们在想什么？你们过得好吗？

想得最多的是绀弩。他咏林冲的两句诗"男儿脸刻黄金印，一笑身轻白虎堂"充实我那段时期全部生活的悲欢。感受到言喻不出的未来的信心。

绀弩明明年长我近二十岁，但三十多年前他已不允许我称呼他做"先生"或"老师"了。"叫我做老聂吧！为我自己，为大家来往都好过些。"他说。当时我年轻，不明白为什么免了一些尊称就会使他好过的道理。

见到他，是在抗日战争胜利后的香港了，是四八年吧！有的先生前辈，想象中的形象与名字跟真人相距很远；见到绀弩，那却是极为一致。茂盛的头发，魁梧而微敛的身材，酱褐色的脸上满是皱纹，行动算不上

①彦涵（1916—2011），原名刘宝森，江苏连云港人。艺术教育家、版画家。著有《彦涵版画集》《彦涵画辑》《彦涵插图木刻选集》等。

矫健，缺乏一点节奏，但有一对狡猾的小眼睛，天生嘲弄的嘴角。我相信他那对眼睛和嘴巴，即使在正常状态，也会在与人正常相处中给自己带来负担和麻烦。

诗人胡希明（三流）老人曾在我给绀弩的一张画像上题打油诗时也说到他的皱纹，可见皱纹是从来就有的：

"二鸦诗人老聂郎，皱纹未改昔年装。此图寄到北京去，吓煞劳工周大娘。"（周大姐那时是邮电部劳工部长）

"二鸦"是"耳耶"的变声，"耳耶"是聂的分拆，"耳耶"这笔名却是在鲁迅先生文章中早就看到的。四十年代末，五十年代初，在香港绀弩却用了很多"二鸦"的这个笔名。那时他在香港《文汇报》工作，也常在《大公报》行走。我那时在《大公报》和《新晚报》打杂做雇工。

解放前后他正在香港。那时候的香港有如"蒙地卡罗"和"卡萨布兰卡"那种地方，既是销金窟，又是政治的赌场。解放后从大陆逃到香港过日子的，都不是碌碌之辈。不安分的就还要发表反共文章。绀弩那时候的文艺生活可谓浓稠之至，砍了这个又捅那个，真正是"挥斥方遒"的境界。文章之宏伟，辞锋之犀利，大义凛然，所向披靡，我是亲临那时的反动派偃兵息鼓、鸦雀无声的盛景的。后来我还为这些了不起的文章成集的时候做过封面。记得一个封面上木刻着举火的"普罗米修斯"①，绀弩拐弯抹角地央求给那位正面走来的、一丝不挂的"洋菩萨"穿一条哪怕是极窄的三角裤……我勉强地同意了。

五〇年我回过一趟家乡，回香港后写过一套连载叫做"火里凤凰"的，说的是家乡凤凰县有如"凤凰涅槃"得到再生的报道。他看了说和四八年的那个连载"狗爬径人物印家记"一样有趣，要找朋友给我出版。现在想起来是的确按他的吩咐与其他杂文贴成一个本子交到思豪酒店的一间房间里去的。当然，现在才想来，应该追究稿子的下落，但一切已

---

①普罗米修斯：希腊神话中著名的英雄。他教会了人类很多知识，并盗取火种给人类，受到天神的惩罚。

经太迟了。

五〇年，我爱人在广州华南文艺学院念书。我一个人住在香港跑马地坚尼地道的一间高等华人的偏殿里。高级但窄小如雀笼。朋友们不嫌弃倒常来我处坐谈。

绀弩会下棋，围棋、象棋我都不会，会，也不是他的对手；他爱打扑克，我也不会，甚至有点讨厌（两个人大概打不起来吧）。他会喝酒，我也不会，但可以用茶奉陪，尤其是陪着吃下酒花生。花生是罐头的，不大，打开不多会儿，他还来不及抿几口酒时，花生已所剩无几，并且全是细小干瘪的残渣。他会急起来，急忙地从我方用手掳一点到彼方去：

"他妈的，你把好的全挑了！"

他说他要回北京了，朋友们轮流着请他吃饭，一个月过去，毫无动静，于是他说这下真的要走了，几月几日，朋友们于是轮流又请吃饭。总共是两轮，到第三次说到要回北京时，朋友们唱骊歌的劲已经泄得差不多了，他却悄悄地真的走了。大家原来还一致通过，再不走，就两次追赔。真走了，倒后悔说了这些过分的话。

他曾写过一篇《演德充符①义赠所亚②》的"故事新编"体的庄子"德充符"故事。为什么要演"德充符"呢？大概"申徒嘉兀者也"，与老所靠着两张小板凳移步的情况相同，尤其与申徒嘉那点傲岸的美丽相同吧！他送人东西，深怕别人不要，总是用恳求的态度，甚至还要点欺诈。帮人的忙，诚恳有甚于请别人帮忙。不在乎，懒洋洋，余韵也不留。说的是老所，其实是他自己不断奔赴不断追求的人的那点完美境界。

"德充符"所云"不可奈何而安之若命，惟有德者能之"也不过只触

---

①德充符：《庄子》中的一篇。在这篇里，庄子以五个丑陋残缺之人的故事，探讨了"忘形"与"忘情"，物我俱化的精神状态。此处的"德"，不仅是人们通常理解的道德或德行，更是一种心态。

②所亚：指余所亚（1912—1991），笔名Soa，广东台山人，生于香港。现代画家。自幼残疾，下身瘫痪。曾任中央戏剧学院舞台美术系教师、中国木偶剧团艺术指导和艺委会主任。后文的"老所"即指余所亚。

及到绀弩思想中的一点点机关而已，因为真正的马克思主义者从来就是个战斗者。这从他以后的生涯中完全得到证实。

在香港这段时间，他很寂寞。家人还在北方，在我那间小屋子里，他曾经提笔随手写过许多字。他老说他的字不好，其实是好的，这种说过没完的话一直继续到北京的六十年代。他曾经临摹过《乐毅诣》和《黄庭经》，用的是大楷的方式进行，这都是很富独创性和见地的。

在香港给我写的一张字是自己的打油诗：

"不上山林道，聊登海景楼；无家朋友累，寡酒圣贤愁；春夏秋冬改，东西南北游；打油成八句，磅水搵三流。"

要加以说明的不少。山林道在五十年代初是个灯红酒绿的地方。海景楼是个新开的北方饭馆。磅水二字是钱的意思，这里指的是稿费。三流即诗人胡希明老人。当时是《周末报》的编辑头目。

还给我写过一张马克思的语录，因为没有标点符号，加上自己政治水平低劣，读来读去都难得顺意。二十多年后的十年浩劫，这段语录已成为大家熟知的名言，那就明白了：

"批评的武器不能代替武器的批评，物质的力只有物质的力才能打倒。——马克思"

试着把标点去掉读读看，即可知我那时领会的艰难程度。

说来见笑，什么叫做"党"？什么叫做"组织"？《联共(布)党史》[①]有什么意义？都是他告诉我的。为我讲这些道理时他也不是作正经状，一般总是轻描淡写、言简意赅地说了就算。因为他还有别的许多有趣的话要说。

我是他离港后三年才回到北京参加工作的，他在人民文学出版社和

---

①《联共（布）党史》：全称为《联共（布）党史简明教程》，是由斯大林主持编著的政治理论书籍。1938年出版，至1953年共印刷了301次，印数达4280万册，被翻译成67种语言。在当时的国际社会主义阵营影响巨大。布尔什维克是1903年从俄国社会民主工党分裂出来的一个派别。1918年改称俄国共产党（布尔什维克），简称俄共（布）；1925年改称全联盟共产党（布尔什维克），简称联共（布）。

适夷^①同志一起。听说他注释过《西游记》还是《水浒传》。觉得他不写杂文对人对己真是个损失；同时又觉得那时候，杂文在绀弩恐怕也是不容易写得好了。难啊！有时候去看他，有时候他也来，有时候和朋友在我家打扑克。老实说，不仅我自己不会打扑克，我也讨厌别人打扑克。我当时并不了解扑克这玩意还有高雅这层意义，只是觉得把时间花在这上头有点可惜，尤其是绀弩这个人。他却搞得兴致盎然，居然还吆喝。滞溷^②于这种趣味中的原由，我多么地缺乏理解啊！

反右了。反右这个东西，我初时以为是对付青面獠牙的某种人物的，没料到罩住我许多熟人，我心目中的老师和长者、好友、学生。我只敢在心里伤痛和惋惜，在我有限的生活认识中颤抖。

背着许多师友们的怀念过了许多年。六十年代的某一天，他回来了。正在吃晚饭，门外进来一个熟悉的黑影，我不想对着他流泪，"相逢莫作嗟嗟语，皆因凄凄在乱离"，他竟能完好地活着回来！也就很不错了。

但是，他和苗子、辛之、丁聪、黄裳^③们的情况不同，还坐过牢。年纪也大得多。

在东北森林他和十几二十人抬过大木头，在雪地里，一起唱着"号子"合着脚步。我去过东北森林三次，见过抬木头的场面。两千多斤的木头运行中一个人闪失会酿成全组人的灾祸。因之饶恕一个人的疏忽是少有的。但他们这个特殊的劳动组合却不是这样。年老的绀弩跌倒在雪泞中了，大家屏气沉着地卸下肩负，围在绀弩四

聂绀弩

①适夷：即楼适夷（1905—2001），原名楼锡春，浙江余姚人。现代作家、翻译家。曾任人民文学出版社副社长、副总编辑。作品有《挣扎》《病与梦》《话雨录》《适夷诗存》等。

②滞溷：溷音 hùn，指混浊、混乱，污秽之物。滞溷，即混迹于混乱、肮脏之中。

③苗子、辛之、丁聪、黄裳：即黄苗子（1913—2012，漫画家、美术评论家），曹辛之（1917—1995，装帧艺术家、书法篆刻家），丁聪（1916—2009，著名漫画家），黄裳（1919—2012，作家、藏书家）。

周……

以为这下子绀弩完了。

他躺在地上，浑身泥泞，慢慢睁开眼睛，发抖的手去摸索自己上衣的口袋，掏出香烟，取出一支烟放在嘴上，又慢慢地去掏火柴，擦燃火柴，点上烟，就那么原地不动地躺着抽起烟来。大家长长地嘘了一口大气。甚至还有骂娘的……

他们能把这个已经六十岁，当年黄埔军校第二期的老共产党员怎么样呢？"凡在故老，犹蒙矜育"①嘛！何况"河冰夜渡"之绀弩乎？

他还"放火"烧过房子！这当然是个"振奋人心"的坏消息！是"阶级敌人磨刀霍霍"的具体表现！

绀弩解释过吗？申诉过吗？我没好意思当面问他，因为听到消息是在他回北京之前。无声地接受现实，到头来，是个最合算的出路，何况牢已经坐过了。

实际的情况应该是这样——

右派劳改队刚到的时候，没有围墙的"窝棚"由大家自己搭建。长几十米泥糊的大炕将是这些人迷茫的归宿。只是太潮湿了。铺上厚厚的干草，不几天，零下三十度的雪天里居然欣欣向荣地长出了蘑菇。领导上关了心。大伙外出劳动时，绀弩负责用干草把湿炕烤干。

绀弩情愿跟大家一齐出勤，点燃几个连接炕铺的泥炉子的本领他并不在行。

"不行！不会？不会要学！"领导说。

"万一不小心烧着窝棚我怎么办？"绀弩说。

"烧着窝棚我拉你坐牢！"领导说。

结果，真的烧得精光，包括所有人的行李。

"良人者，终生所托者也，今若此……"绀弩呀绀弩！你把穷朋友哥

---

①凡在故老，犹蒙矜育：语出李密《陈情表》。意思是：凡是年老之旧臣，尚且还受到怜悯养育。

儿们都耽误了。

引火的是湿草，塞在炉子里点不着，当然要吹；一吹当然浓烟四溢，当然要呛眼睛鼻子，当然要把不着的湿草拔出来再弯腰吹炉子里头的湿草。举着的那把草一见风倒认真地着起来。你不知道，你不是在鼓吹炉子吗？窝棚也是草做的嘛！你看，不是让你点着了吗？

绀弩坐了好些日子的牢。一年？两年？我闹不清楚，只知道后来给人保了出来。不久回到北京。

那时候就听到好些熟人都"脱"了"帽"。其实，右派的官司并没有完，一个更活泼可喜的名字出现了，叫"脱帽右派"。好像右派分子只是在街上散步碰到个熟朋友，举起帽子向朋友致意又自己戴上似的。又好像原本有了一顶鸭舌帽子，为了高兴上盛锡福①添了顶贝雷帽。我那时颇有点天真，怀疑是不是标点符号上的误会，把"可戴可不戴，不戴"理解为"可戴，可不戴，不！戴！"呢？所以后来这些朋友们走在闹市上总把破帽子挡着脸时，我就不认为那是一种矫揉的诗情画意了。

绀弩那时常作诗，还让我"窝藏"过他从东北带回的一本原始诗稿（这本手稿给另一位朋友在什么时候烧了）。还写了不少给我两个孩子的短诗和长诗。非常非常遗憾，动乱期间给抄得精光，以致《三草》与《散宜生诗》中没能发表这些好诗。记得那时是三年困难时期，孩子想吃糖饼想得狠，他老人家就时常带了点来。有两句诗我是记得的："安得糕饼千万斤，与我黄家兄妹分？……"如今孩子是长大了，可他们也只能把这两句挂在口头作为儿时的纪念。

绀弩的生日如果没有记错的话，该是在除夕那天。有一首《自寿六十》的诗中两句："人生六十有几回？且将祝酒谢深杯……"引起了一段笑话。

我儿子那时是八岁，大概觉得这首诗读起来有味，居然摇头摆尾喝

①盛锡福：北京以制售帽子闻名的老字号，位于王府井大街。

和起来："人生八岁有几回，且将祝酒谢深怀……"

我那时整四十岁，感于浮浪光阴，情绪很是波动过一阵，他知道了这个消息，疾风似的赶到我家，这永远是难以忘怀的。那种从没有过的可依靠信赖的严峻的目光，令我接受了他的批评重新振奋起来。

一段时间下乡，运动，又下乡，又运动，见面的机会少了。再就是"文化大革命"。

很久很久以后才听说他被判了无期徒刑，送到山西一个偏僻的小县城里的牢房里。

在香港时，有一天他急着要我给他去找一本狄更斯的《双城记》，提到要查一查第一页那有名的第一段："这是一个光明的时代，这是一个黑暗的时代……"似乎是要写篇对付曹聚仁①的文章。后来，果然写出来了，不愧是一篇辉煌的檄文，革命的气势至今想来心情还不免汹涌澎湃。

《双城记》这部总体"古典"的小说，其中的人物却常使我闻到新的气息。比如那个吊儿郎当从容赴死的卡尔登，那个被压在暗无天日的死牢里的、连意识都消磨尽了的老鞋匠。

绀弩不就是这些人的总合吗？

让你默默地死在山西小县城里只有四堵石墙、荒无人烟的死牢里吧！让你连人类的语言都消失在记忆之外去吧！如果侥幸你能活着出来的话，绀弩就不是绀弩了。事实上，这一次我并不奢望真还能再见到一个活着的绀弩。

但是又见到了。

不过，这一次，我走进门，他躺在床上。

我说："老聂呀！你虽然动不了啦！可还有一对狡猾的眼睛！"

他笑了。他说："你还想不到，我在班房里熟读了所有的马列主义的书。我相信很少有人这么有系统，精神专注，时间充裕，毫无杂念地这

———————————
①曹聚仁（1900—1972），字挺岫，浙江省浦江县（今属浙江兰溪市）人。著名记者、作家。著有《中国学术思想史随笔》《万里行记》《国学大纲》《现代中国通鉴》《我与我的世界》等。

样读马列的书！"

这老家伙不单活过来，看样子还有点骄傲咧！

他和周颖大姐所能忍受到的人间辛苦，很多不是我们所能想象的。这样一来，他的卧床倒显得微不足道了。

绀弩已经成为一部情感的老书。朋友们聚在一起时一定要翻翻他。因为他是我们的"珍本"，是用坚韧的牛皮纸印刷的。

我曾经向一位尊敬的同志谈到绀弩，我告诉他，不要相信我会说如果他得到什么帮助的话，将会再为人民做出多少多少贡献来，不可能了，因为他精神和体力已经摧残殆尽。只是，由于他得到顾念，我们这一辈人将受到鼓舞而勇敢地接过他的旗帜。

至于诗，我不够格"起论"，只能说，是他的诗的拥护者。绀弩晚年以诗名世，连我也是出乎意料的。

记得一个笑话：

诸葛亮、刘、关、张、赵，都已不在人世，他们的孩子倒在人间替老子吹牛。

诸葛的儿子说：没有我爸爸，国家会如何如何……

张苞说：我爸爸当阳桥前一声吼，水倒流，曹兵如何如何……

阿斗说：我爸爸是一国之主，没有他，如何如何……

赵云的儿子也说：没有我爸爸，连你（指阿斗）都没了，如何如何……

轮到关平，这家伙思路不宽，只说出一句："……我爸爸那，那，胡子这么，这么长……"关公在天上一听，气得不得了，大骂曰："你老子一身本事，你他奶奶就只知道我这胡子！"

对于绀弩，我看眼前，就只好先提他的胡子了。

作者简介

黄永玉，1924年出生于湖南常德，祖籍湖南凤凰县城。笔名黄杏槟、黄牛、牛夫子。当代著名画家。曾任中央美术学院教授、版画系主任，中国美术家协会副主席，中国国家画院版画院院长。

著有《黄永玉木刻集》《猫头鹰》《这些忧郁的碎屑》《沿着塞纳河到翡冷翠》《太阳下的风景》《无愁河的浪荡汉子》《比我还老的老头》等。

编辑缀语

往事，往事，作者回忆了与聂绀弩相交的几十年的往事，一件一件，几十年的悲欢沉浮。首次相见，聂绀弩给作者留下最深印象的就是那"即使在正常状态，也会在与人正常相处中给自己带来负担和麻烦"的"一对狡猾的小眼睛"和"天生嘲弄的嘴角"。你能想象那个在东北森林的雪地里唱着"号子"抬木头，跌倒在泥泞地上的老者，就是当年那个大义凛然的用宏伟文章和犀利言辞而令反动派偃兵息鼓、鸦雀无声的斗士吗？受尽冤屈，身陷牢狱，遭到一次又一次的打压，以至于连作者都不奢望真还能再见到一个活着的绀弩了。但却又见到了，这个带着骄傲熬过来的绀弩，虽然仍然面带微笑，但他的精神和体力已经摧残殆尽。他是作者的一部充满感情的老书，也是我们民族的一部沉重的老书。"绀弩晚年以诗名世，连我也是出乎意料的。"恐怕连他自己都哭笑不得吧，造化弄人！然而更多的青年终于能够通过诗开启认识他的大门，也算是令人欣慰的一件事情吧。

　　时间飘散了太多的东西，冲淡了太多的往事，却并不影响我们受到鼓舞而勇敢地接过他的旗帜！

　　这篇文章语调调侃，化重若轻，作者对"亦师亦友"的聂绀弩的回忆充满谐谑又不失庄重的情绪，显示着作者对于人生的思考与应持的生命姿态。

秦老师失业了，在家靠儿子们种田
过日子，日子过得很艰难，
据说是形容枯槁，衣衫褴褛，
老来还惦记着他的两个得意门生，
一个是我，一个是那位姓刘的。大概他想起
还教过一些学生的时候便可以得到一些安慰吧。

我的塾师

陆文夫

我六岁的时候开始读书了，那是1934年的春天。

当时，我家的附近没有小学，只是在离家二三里的地方，在十多棵双人合抱的大银杏树下，在小土庙的旁边有一所私塾。办学的东家是一位较为富有的农民，他提供场所，请一位先生，事先和先生谈好束脩①、饭食，然后再与学生的家长谈妥学费与供饭的天数。富有者多出，不富有者少出，实在贫困而又公认某个孩子有出息者也可免费。办学的人决不从中渔利，也不拿什么好处费，据说赚这种钱是缺德的。但是办学的有一点好处，可以赚一只粪坑，多聚些肥料好种田，那时没有化肥。

我们的教室是三间草房，一间作先生的卧室，其余的两间作课堂。朝北篱笆墙截掉一半，配以纸糊的竹窗，可以开启，倒也亮堂。课桌和

---

①束脩：古代学生初次见老师时，必先奉赠扎成捆的干肉作为酬礼，名曰"束脩"。后泛指学费。现亦写作"束修"。

凳子各家自带，八仙桌、四仙桌、梳桌、案板，什么都有。

父亲送我入学，进门的第一件事便是拜孔子。"大成至圣先师孔子之位"的木牌供在南墙根的一张八仙桌上，桌旁有一张太师椅，那是先生坐的。拜时点燃清香一炷，拜烛一对，献上供品三味：公鸡、鲤鱼、猪头。猪头的嘴里衔着猪尾巴，有头有尾，象征着整猪，只是没有整羊和全牛，那太贵，供不起。

我拜完孔子之后便拜老师，拜完之后抬头看，这位老师大约四十来岁（那时觉得是个老头），戴一副洋瓶底似的近视眼镜，有两颗门牙飘在外面。黑棉袍，洗得泛白的蓝布长衫，穿一条扎管棉裤，脚上套一双"毛窝子"，一种用芦花编成的鞋，比棉鞋暖和。这位老师叫秦奉泰，我所以至今还记得他的名字，那是因为我曾把秦奉泰读作秦秦秦，被同学们嘲笑了好长一阵，被人嘲弄过的事情总是印象特深。

秦老师受过我三拜之后，便让我站在一边，听我父亲交待。那时候，家长送孩子入学，照例要作些口头保证，大意是说孩子入学之后，一切都听先生支配，任打任骂，家长决无意见，决不抗议。那时的教学理论是"玉不琢不成器"，所谓琢者即敲打也。

秦老师也打人，一杆朱笔、一把戒尺是他的教具，朱笔点句圈四声，戒尺又作惊堂木，又打学生的手心。学生交头接耳，走来走去，老师便把戒尺一拍，叭地一响，便出现了琅琅的读书声。

秦老师教学确实是因材施教，即使是同时入学的学生，课本一样，进度却是不同的。我开始的时候读《百家姓》《三字经》。每天早晨教一段，然后便坐到课桌上去摇头晃脑地大声朗读，读熟了便到老师那里去背，背对了再教新的。规定是每天背一次，如果能背两次、三次，老师也不反对，而是加以鼓励。但也不能充好汉，因为三天之后要"总书"，所谓温故而知新，要把所教的书从头背到尾，背不出来那戒尺可不客气。我那时的记忆力很好，背得快，不挨打，几个月之后便开始读《千家诗》《论语》。秦老师很欢喜，一时兴起还替我取了个学名叫陆文夫，因为我原来的名字叫陆纪贵，太俗气。

　　我背书没有挨打，写字可就出了问题。私塾里的规矩是每天饭后写大、小字，我的毛笔字怎么也写不好，秦老师开始是教导我："字是人的脸，写得难看是见不得人的。"没用。没用便打手心，这一打更坏，视写字为畏途，拿起毛笔来手就抖。直至如今，写几个字还像蟹爬的。

　　秦老师是个杂家，我觉得他什么都会。他写得一手好字，替人家写春联、写喜幛、写庚帖、写契约，合八字，看风水，念咒画符，选黄道吉日，还会开药方。他的桌子上有一堆书，那些书都不是课本，因为《论语》《孟子》之类他早已倒背如流，现在想起来可能是属于医卜星相之类，还有一只罗盘压在书堆的上面。秦老师很忙，每天都有人来找他写字、看病，或是夹起个罗盘去看风水。经常有人请他去吃饭，附近的人家有红白喜事，都把老师请去坐首席。

　　抗日战争爆发以后，办学的农民怕出事，把私塾停了。秦老师到另外的一个地方去授馆，那里离我家有十多里，穷乡僻壤，交通不便，可以躲避日寇。秦老师事先与办学的东家谈妥，他要带两个得意的门生作为附学（即寄宿生），附学的饭食也是由各家供给的，作为束脩的一个部分。一个附学姓刘，比我大五六岁，书读得很好，字也写得很漂亮，秦老师来不及写的春联偶尔也由他代笔。此人抗战期间参加革命，后来听说也是做新闻工作的。还有一个附学就是我了，那时我才九岁，便负笈求学，离家而去，从此便开始了外出求学的生涯，养成了独自处理生活的能力。

　　新学馆的所在地确实很穷，偌大的一个村庄，有上百户人家，可学生只有十多个。教室是两间土房，两张床就搁在教室里，我和姓刘的合睡一张竹床，秦老师睡一张木床，课桌和办公桌就放在床前。房屋四面来风，冬天冻得簌簌发抖，手背上和脚后跟上生满了冻疮，冻疮破了流血流脓，只能把鞋子拖在脚上。最苦的要算是饭食了，附学是跟随先生吃饭，饭食是由各家轮流供给，称作"供饭"。抗战以前供饭是比较考究的，谁家上街买鱼买肉，人们见了便会问："怎么啦，今朝供先生？"那吃饭的方式确实也像上供，通常是用一只长方形二层的饭篮送到学校里来，中午有鱼有肉，早晚或面或粥，或是糯米团子、面饼等。我走读的时候同学们常偷看先生的饭篮，看了嘴馋。等到我跟先生吃供饭的时候可就糟了，也许是那个地方穷，也许是国难当头吧，我们师生三人经常吃不饱，即使吃不饱也不能吃得碗空空，那是要被人笑话的。有一次轮到一户穷人家供饭，他自家也断了顿，到亲朋家去借，借到下午才回来，我们师生三人饿得昏昏。这是我第一次体验到饥饿的滋味，饿极了会浑身发麻、头昏、出冷汗。当然，每月也有几天逢上富有的人家供饭，师生三人可以过上几天好日子，对于这样的日期，我当年记得比《孟子》的辞句都清楚。

日子虽然过得很苦，可我和秦老师的关系却更加密切，毛笔字还未练好，秦老师大概见我在书法上无才能，也就不施教了，便教我吟诗作对，看闲书。吟诗我很有兴趣，特别是那些描绘自然景色的田园诗，我读起来就像身历其境似的。作对我也有兴趣，"平对仄，仄对平，反正对分明，来鸿对去雁……"有一套口诀先背熟，然后再读秦老师手抄的妙对范本。我至今还记得一些绝妙的对联，什么"屋北鹿独宿，溪西鸡齐啼""和尚撑船篙打江心罗汉，佳人汲水绳牵井底观音"。当然，最有兴趣的要算是看闲书了，所谓闲书便是小说。

前面说到秦老师的桌上有许多不属于课本之类的书，这些书除掉医卜星相之外便是小说。以前我不敢去翻，这时朝夕相处，也就比较随便，傍晚散学以后百无聊赖，便去翻阅。秦老师也不加拦阻，首先让我看《尽忠岳传》，这一看便不可收拾，什么《施公案》《彭公案》《七侠五义》《三国演义》都拿来看了，看得废寝忘食，津津有味，其中有许多字都不识，半看半猜，大体上懂个意思，这就造成后来经常读白字，写错字。

秦老师的书也不多，他很穷，无钱买书。但是，那时有一种小贩，名叫"笔先生"，他背着一个大竹箱，提着一个包裹，专门在乡间各个私塾里走动，卖纸、墨、笔、砚和各种教课书，大多是些石印本的《论语》《孟子》《百家姓》《千家诗》。除掉这些课本之外，箱子底下还有小说，用现在的话说都是些通俗小说。这些小说不卖给学生，只卖给老师，乡间的塾师很寂寞，不看点闲书很难受。只是塾师们都很穷，买的少，看的多，于是"笔先生"便开展了一种租书的业务。每隔十天半月来一次，向学生推销纸、墨、笔、砚，给塾师们调换新书，酌收一点租费。如果老师叫学生多买点东西，那就连租费都不收，因此我们经常可以看到新书。那时，我经常盼望"笔先生"的到来，就像盼望轮到富人家供饭似的。

秦老师不仅让我看小说，还要和我讨论所看过的小说，当然不是讨论小说的做法，而是讨论书中谁的本领大，哪条计策好，岳飞应当"将在外君命有所不受"，不应当被十二道金牌召回临安，待他日直捣黄龙，再死也不迟。看小说还要有点儿见解，这也是秦老师教会了我。当然，秦老师这样做不会是想把我培养成一个作家，将来也写小说，可这些都在幼小的心灵中生下了根，与文学结下了不解之缘。

一年之后因为家庭的搬迁，我便离开了秦老师，从此以后就再也没有见到他，可他却没有忘记我。听我父亲说，他曾两次到我家打听过我，一次是在解放的初期，一次是在困难年，即六十年代的初期。抗战胜利以后私塾取消，秦老师失业了，在家靠儿子们种田过日子，日子过得很艰难，据说是形容枯槁，衣衫褴褛，老来还惦记着他的两个得意门生，一个是我，一个是那位姓刘的。大概他想起还教过一些学生的时候便可以得到一些安慰吧。前些年我回乡时也曾经打听过他，却没有人知道这世界上还有或曾经有过叫秦奉泰的。"乡曲儒生，老死翰墨，名不出闾巷者何可胜道。"①我记起了秦老师曾经教过我的《古文观止》。

---

①"乡曲儒生"句：语出清代吴汝纶《跋蒋湘帆尺牍》："乡曲儒生，老死翰墨，名不出闾巷者，曷可胜道。"

作者简介

陆文夫（1928—2005），江苏泰兴人。当代
著名作家。毕业于苏北盐城华中大学。曾任苏州
文联副主席、江苏省作家协会主席、中国作家协
会副主席等。

主要作品有《小贩世家》《美食家》《陆文夫
选集》《陆文夫代表作》《陆文夫小说选》及文论
集《艺海入潜记》《小说门外谈》等。

编辑缀语

秦老师是个旧时代的私塾先生，就像多数乡间塾师一样，生活清苦，
除去教书外，还为乡党邻里做许多杂事。所以他什么都会，写得一手好
字，替人家写春联、写喜幛、写庚帖、写契约，合八字，看风水，念咒
画符，选黄道吉日，还会开药方。他是那个时代乡间文化者的典型代表。
住着四面来风的房子，吃着糯米团子，经常吃不饱甚至挨饿，却对自己
的学生寄予厚望，教学丝毫不敷衍和马虎。由于买不起书，只得租书看，
但这丝毫不影响老师探讨小说的兴致。秦老师在作者幼小的心灵种下了
文学的种子，这种子生根发芽，乃至后来长成了参天大树。抗战胜利后，
私塾取消，秦老师也随之失业，失去了生活的来源，却还惦记着自己得
意的弟子。自己的学生能够有所成就，在他那艰辛孤寂的晚年也算是一
种慰藉吧。故乡已经没人记得这个曾经叫秦奉泰的塾师，可在作者心里，
却永远不会忘记那个平凡而又伟大的启蒙老师，这或许就是大家说的
"星火"吧，谁敢说，这点星火不能燎原呢？

青年时代夜访梁府的一幕一幕，

皆已成为温馨的回忆，

只能在深心重温，

不能在眼前重演。

文章与前额并高

余光中

　　自从十三年前迁居香港以来，和梁实秋先生就很少见面了。屈指可数的几次，都是在颁奖的场合，最近的一次，却是从梁先生温厚的掌中接受时报文学的推荐奖。这一幕颇有象征的意义，因为我这一生的努力，无论是在文坛或学府，要是当初没有这只手的提掖，只怕难有今天。

　　所谓"当初"，已经是三十六年以前了。那时我刚从厦门大学转学来台，在台大读外文系三年级，同班同学蔡绍班把我的一叠诗稿拿去给梁先生评阅。不久他竟转来梁先生的一封信，对我的习作鼓励有加，却指出师承囿于浪漫主义，不妨拓宽视野，多读一点现代诗，例如哈代①、浩斯曼②、

---

　　①托马斯·哈代（1840—1928），英国著名小说家、诗人。主要作品有《德伯家的苔丝》《无名的裘德》《还乡》《列王》和《卡斯特桥市长》等。

　　②浩斯曼（1859—1936），又译为豪斯曼。英国学者、诗人。著有诗集《什罗普郡一少年》《最后的诗》等。

叶慈①等人的作品。梁先生的挚友徐志摩虽然是浪漫诗人，他自己的文学思想却深受哈佛老师白璧德②之教，主张古典的清明理性。他在信中所说的"现代"自然还未及现代主义，却也指点了我用功的方向，否则我在雪莱的西风里还会飘泊得更久。直到今日我还记得，梁先生的这封信是用钢笔写在八行纸上，字大而圆，遇到英文人名，则横而书之，满满地写足两张。文艺青年捧在手里，惊喜自不待言。过了几天，在绍班的安排之下，我随他去德惠街一号梁先生的寓所登门拜访。德惠街在城北，与中山北路三段横交，至则巷静人稀，梁寓雅洁清幽，正是当时常见的日式独栋平房。梁师母引我们在小客厅坐定后，心仪已久的梁实秋很快就出现了。

那时梁先生正是知命之年，前半生的大风大雨，在大陆上已见过了，避秦也好，乘桴浮海也好，早已进入也无风雨也无晴的境界。他的谈吐，风趣中不失仁蔼，谐谑中自有分寸，十足中国文人的儒雅加上西方作家的机智，近于他散文的风格。他就坐在那里，悠闲而从容地和我们谈笑。我一面应对，一面仔细地打量主人。眼前这位文章巨公，用英文来说，体型"在胖的那一边"，予人厚重之感。由于发岸线

梁实秋

（hairline）有早退之像，他的前额显得十分宽坦，整个面相不愧天庭饱满，地阁方圆，加以长牙隆准，看来很是雍容。这一切，加上他白晰无斑的肤色，给我的印象颇为特殊。后来我在反省之余，才断定那是祥瑞

①叶慈：又译为叶芝（1865—1939）。爱尔兰诗人、剧作家和散文家。1923年获诺贝尔文学奖。作品有《钟楼》《盘旋的楼梯》《驶向拜占庭》《凯尔特的薄暮》。

②欧文·白璧德（1865—1933），美国文学评论家，人文主义的领军人物。著作有《文学与美国大学》《新拉奥孔》《卢梭与浪漫主义》《民主与领袖》《论创造性》等。

之相，令人想起一头白象。

当时我才二十三岁，十足一个躁进的文艺青年，并不很懂观相，却颇热中猎狮①（Lion-hunting）。这位文苑之狮，学府之师，被我纠缠不过，答应为我的第一本诗集写序。序言写好，原来是一首三段的格律诗，属于新月风格。不知天高地厚的躁进青年，竟然把诗拿回去，对梁先生抱怨说："您的诗，似乎没有特别针对我的集子而写。"

假设当日的写序人是今日的我，大概狮子一声怒吼，便把狂妄的青年逐出师门去了。但是梁先生眉头一抬，只淡淡地一笑，徐徐说道："那就别用得了……书出之后，再给你写评吧。"

量大而重诺的梁先生，在《舟子的悲歌》出版后不久，果然为我写了一篇书评，文长一千多字，刊于1952年4月16日的《自由中国》。那本诗集分为两辑，上辑的主题不一，下辑则尽为情诗；书评认为上辑优于下辑，跟评者反浪漫的主张也许有关。梁先生尤其欣赏《老牛》与《暴风雨》等几首，他甚至这么说："最出色的要算是《暴风雨》一首，用文字把暴风雨的那种排山倒海的气势都描写出来了，真可说是笔挟风雷。"在书评结论里有这样的句子：

> 作者是一位年青人，他的艺术并不年青，短短的《后记》透露出一点点写作的经过。他有旧诗的根柢，然后得到英诗的启发。这是很值得我们思考的一条发展路线。我们写新诗，用的是中国文字，旧诗的技巧是一份必不可少的文学遗产，同时新诗是一个突然生出的东西，无依无靠，没有轨迹可循，外国诗正是一个最好的借镜。

在那么古早的岁月，我的青涩诗艺，根柢之浅，启发之微，可想而知。梁先生溢美之词固然是出于鼓励，但他所提示的上承传统旁汲西洋，却是我日后遵循的综合路线。

---

①猎狮：英语Lion-hunting有巴结社会名流的含义。类似中国传统的"攀龙附凤"，在此文中似有所谓"追星"之意。

朝拜缪思①的长征，起步不久，就能得到前辈如此的奖掖，使我的信心大为坚定。同时，在梁府的座上，不期而遇，也结识了不少像陈之藩、何欣②这样同辈的朋友，声应气求，更鼓动了创作的豪情壮志。诗人夏菁③也就这么邂逅于梁府，而成了莫逆。不久我们就惯于一同去访梁公，有时也约王敬羲④同行，不知为何，记忆里好像夏天的晚上去得最频。梁先生怕热，想是体胖的关系；有时他索性只穿短袖的汗衫接见我们，一面笑谈，一面还要不时挥扇。我总觉得，梁先生虽然出身外文，气质却在儒道之间，进可为儒，退可为道。可以想见，好不容易把我们这些恭谨的晚辈打发走了之后，东窗也好，东床也罢，他是如何地坦腹自放。我说坦腹，因为他那时有点发福，腰围可观，纵然不到福尔斯塔夫⑤的规模，也总有约翰逊或纪晓岚⑥的分量，足证果然腹笥⑦深广。据说，因此梁先生买腰带总嫌尺码不足，有一次，他索性走进中华路一家皮箱店，买下一只大号皮箱，抽出皮带，留下箱子，扬长而去。这倒有点《世说新语》的味道了，是否谣言，却未向梁先生当面求证。

　　梁先生好客兼好吃，去梁府串门子，总有点心招待，想必是师母的手艺吧。他不但好吃，而且懂吃，两者孰因孰果，不得而知。只知他下

---

①缪斯：缪斯女神（希腊语Mousai，英语Muse）是希腊神话中，九位掌管诗词、歌曲、舞蹈、历史等女神的称呼，一般也作为对诗歌的雅称。

②陈之藩、何欣：陈之藩，学者、散文家。曾任香港中文大学电机系主任。何欣，台湾地区的文学评论家。著有《当代台湾作家论》。

③夏菁：本名盛志澄，1925年生于浙江嘉兴。著名诗人，"蓝星诗社"创始人之一。美国科罗拉多州立大学硕士，曾任联合国专家及科罗拉多教授等职。诗文集有《喷水池》《雪岭》《夏菁短诗选》等。

④王敬羲（1933—2008），原名王载福，因景仰先祖王羲之而改名。笔名齐以正。出生于天津，籍贯江苏青浦（现属上海）。香港作家。著有短篇小说集《薏美》《多彩的黄昏》《七星寮》《怜与恨》《青蛙的乐队》《康同的归来》，散文集《圣诞礼物》《挂满兽皮的小屋》《偶感录》等。

⑤福尔斯塔夫：莎士比亚《温莎的风流娘儿们》中的人物。

⑥纪晓岚：即纪昀（1724—1805），字晓岚，一字春帆，晚号石云，道号观弈道人，直隶献县（今河北沧州市）人。清代政治家、文学家。后人辑有《纪文达公遗集》。

⑦腹笥：笥音sì，书箱。后称腹中所记之书籍和所有的学问为"腹笥"。语出《后汉书·边韶传》："边为姓，孝为字，腹便便，五经笥。"

笔论起珍馐名菜来，头头是道。就连既不好吃也不懂吃的我，也不禁食指欲动，馋肠若蠕。在糖尿病发之前，梁先生的口福委实也饫足了。有时乘兴，他也会请我们浅酌一杯。我若推说不解饮酒，他就会作态佯怒，说什么"不烟不酒，所为何来？"引得我和夏菁发笑。有一次，他斟了白兰地飨客，夏菁勉强相陪。我那时真是不行，梁先生说"有了"，便向橱顶取来一瓶法国红葡萄酒，强调那是1842年产，朋友所赠。我总算喝了半盅，飘飘然回到家里，写下《饮1842年葡萄酒》一首。梁先生读而乐之，拿去刊在《自由中国》上，一时引人瞩目。其实这首诗学济慈[1]而不类，空余浪漫的遐想；换了我中年来写，自然会联想到鸦片战争。

梁先生在台北搬过好几次家。我印象最深的两处梁宅，一在云和街，一在安东街。我初入师大（那时还是省立师范学院）教大一英文，一年将满，又偕夏菁去云和街看梁先生。谈笑及半，他忽然问我："送你去美国读一趟书，你去吗？"那年我已三十，一半书呆，一半诗迷，几乎尚未阅世，更不论乘飞机出

梁实秋云和街故居

国。对此一问，我真是惊多喜少。回家和我妻讨论，她是惊少而喜多，马上说："当然去！"这一来，里应外合势成。加上社会压力日增，父亲在晚餐桌上总是有意无意地报导："某伯伯家的老三也出国了！"我知道偏安之日已经不久。果然三个月后，我便文化充军，去了秋色满地的爱奥华城。

从美国回来，我便专任师大讲师。不久，梁先生从英语系主任变成了我们的文学院长，但是我和夏菁去看他，仍然称他梁先生。这时他又

---

①约翰·济慈（1795—1821），杰出的英国诗人，浪漫派主要成员。著名诗作有《伊莎贝拉》《夜莺颂》《希腊古瓮颂》《秋颂》等。

迁至安东街，住进自己盖的新屋。稍后夏菁的新居在安东街落成，他便做了令我羡慕的梁府近邻，也从此，我去安东街，便成了福有双至，一举两得。安东街的梁宅，屋舍俨整，客厅尤其宽敞舒适，屋前有一片颇大的院子，花木修护得可称多姿，常见两老在花畦树径之间流连。比起德惠街与云和街的旧屋，这新居自然优越了许多，更不提广州的平山堂和北碚的雅舍了。可以感受得到，这新居的主人在"家外之家"，怀乡之余，该是何等的快慰。

六十五岁那年，梁先生在师大提前退休，欢送的场面十分盛大。翌年，他的终身大事——《莎士比亚戏剧全集》之中译完成，朝野大设酒会庆祝盛举，并有一女中的学生列队颂歌；想莎翁生前也没有这般殊荣。师大英语系的晚辈同事也设席祝贺，并赠他一座银盾，上面刻着我拟的两句赞词："文豪述诗豪，梁翁传莎翁。"莎翁退休之年是四十七岁，逝世之年也才五十二岁，其实还不能算翁。同时莎翁生前只出版了十八个剧本，梁翁却能把三十七本莎剧全部中译成书。对比之下，梁翁是有福多了。听了我这意见，梁翁不禁莞尔。

这已经是二十年前的事了。后来夏菁担任联合国农业专家，远去了牙买加。梁先生一度旅寄西雅图。我自己先则旅美二年，继而去了香港，十一年后才回台湾。高雄与台北之间虽然只是四小时的车程，毕竟不比厦门街到安东街那么方便了。青年时代夜访梁府的一幕一幕，皆已成为温馨的回忆，只能在深心重温，不能在眼前重演。其实不仅梁先生，就连晚他一辈的许多台北故人，也都已相见日稀。四小时的车尘就可以回到台北，却无法回到我的台北时代。台北，已变成我的回声谷。那许多巷弄，每转一个弯，都会看见自己的背影。不能，我不能住在背影巷与回声谷里。每次回去台北，都有一番近乡情怯，怕卷入回声谷里那千重魔幻的漩涡。

……

梁实秋的文学思想强调古典的纪律，反对浪漫的放纵。他认为革命文学也好，普罗文学①也好，都只是把文学当作工具，眼中并无文学，但是在另一方面，他也不赞成为艺术而艺术，因为那样势必把艺术抽离人生。简而言之，他认为文学既非宣传，亦非游戏。他始终标举安诺德②所说的，作家应该"沉静地观察人生，并观察其全貌"。因此他认为文学描写的充分对象是人生，而不仅是阶级性。

黎明版《梁实秋自选集》的小传，说作者"生平无所好，惟好交友、好读书、好议论"。季季在访问梁先生的记录《古典头脑，浪漫心肠》之中，把他的文学活动分成翻译、散文、编字典、编教科书四种。这当然是梁先生的台湾时代给人的印象。其实梁先生在大陆时代的笔耕，以量而言，最多产的是批评和翻译，至于《雅舍小品》，已经是四十岁以后所作，而在台湾出版的了。《梁实秋自选集》分为文学理论与散文二辑，前辑占198页，后辑占162页，分量约为5比4，也可见梁先生对自己批评文章的强调。他在答季季问就说："我好议论，但是自从抗战军兴，无意再作任何讥评。"足证批评是梁先生早岁的经营，难怪台湾的读者印象已淡。

一提起梁实秋的贡献，无人不知莎翁全集的浩大译绩，这方面的声名几乎掩盖了他别的译书。其实翻译家梁实秋的成就，除了莎翁全集，尚有《织工马南传》《咆哮山庄》《百兽图》《西塞罗文录》等十三种。就算他一本莎剧也未译过，翻译家之名他仍当之无愧。

读者最多的当然是他的散文。《雅舍小品》初版于1949年，到1975年为止，二十六年间已经销了32版；到现在想必近50版了。我认为梁氏散文所以动人，大致是因为具备下列这几种特色：

首先是机智闪烁，谐趣迭生，时或滑稽突梯③，却能适可而止，不堕

①普罗：是法语普罗列塔利亚（prolétariat）的简称，意为无产阶级的。"普罗文学""普罗大众"是中国现代历史上许多左翼人士经常使用的词汇。
②安诺德（1822—1888），英国维多利亚时代的诗人和文学批评家。著有《文学与教条》《评论一集》《评论二集》等。
③滑稽突梯：又写作"突梯滑稽"，出自屈原《卜居》。突梯：圆滑的样子；滑稽：圆转随俗。形容随俗圆滑且谐合。

俗趣。他的笔锋有如猫爪戏人而不伤人，即使讥讽，针对的也是众生的共相，而非私人，所以自有一种温柔的美感距离。其次是篇幅浓缩，不务铺张，而转折灵动，情思之起伏往往点到为止。此种笔法有点像画上的留白，让读者自己去补足空间。梁先生深信"简短乃机智之灵魂"，并且主张"文章要深，要远，就是不要长"。再次是文中常有引证，而中外逢源，古今无阻。这引经据典并不容易，不但要避免出处太过俗滥，显得腹笥寒酸，而且引文要来得自然，安得妥帖，与本文相得益彰，正是学者散文的所长。

最后的特色在文字。梁先生最恨西化的生硬和冗赘，他出身外文，却写得一手道地的中文。一般作家下笔，往往在白话、文言、西化之间徘徊歧路而莫知取舍，或因简而就陋，一白到底，一西不回；或弄巧而成拙，至于不文不白，不中不西。梁氏笔法一开始就逐走了西化，留下了文言。他认为文言并未死去，反之，要写好白话文，一定得读通文言文。他的散文里使用文言的成分颇高，但不是任其并列，而是加以调和。他自称文白夹杂，其实应该是文白融会。梁先生的散文在中岁的《雅舍小品》里已经形成了简洁而圆融的风格，这风格在台湾时代仍大致不变。证之近作，他的水准始终在那里，像他的前额一样高超。

作者简介

余光中（1928—2017），生于江苏南京，祖籍福建永春。台湾地区著名诗人、学者、翻译家。1952年毕业于台湾大学外文系。曾任台湾政治大学西语系教授兼主任、香港中文大学教授、台湾中山大学教授兼文学院院长。

著有诗集《白玉苦瓜》《舟子的悲歌》《蓝色的羽毛》《天国的夜市》《钟乳石》《万圣节》《莲的联想》《武陵少年》《敲打乐》《在冷战的年代》《天狼星》，评论集《掌上雨》《分水岭上：余光中评论文集》，散文集《记忆像铁轨一样长》，翻译作品《英美现代诗选》《土耳其现代诗选》等。

编辑缀语

作者在学生时代多次到梁实秋家中拜访，受到了梁先生的认可和提拔教导。特别是梁先生为作者第一本诗集写序，更让我们看到了梁先生温厚开阔的胸襟。在梁先生的指引下，作者坚定了诗人之路，并得以留美学习。这不禁让我们想起余光中曾经提到的一个笑话：梁实秋经常正话反说，作者要去美国留学，向梁实秋请教应该注意些什么？梁实秋答道："到美国，不必认真读书，玩玩就好了，见识见识世界。你我都不是教书的料子。"可见先生的风趣。梁先生是个美食家，因腰围发福而难买腰带，以致竟然买皮箱抽做腰带，真是风度潇洒。作者对梁先生散文的评价"不堕俗趣"，中年出《雅舍小品》时已成简洁圆融的风格，不正是指梁先生其人吗？时隔多年，作者与先生见面的次数越来越少，青年时代夜访梁府的一幕一幕，皆已成为温馨的回忆，深深埋在他心底，成为永久的珍藏，也让我们感受到了这段师生情分的深厚和绵长。说起梁先生，可能大家想到最多的就是《雅舍小品》，那简洁而圆融的文风感染了一代又一代的青年，至今仍然深受大家喜爱。正如作者所说，他的水准就在那里，像他的前额一样高超！

钱先生走了，但是他的真精神、真生命
并没有离开这个世界，而延续在
无数和他有过接触的其他人的生命之中，
包括像我这样一个平凡的生命在内。

犹记风吹水上鳞

——敬悼钱宾四师

余英时

海滨回首隔前尘，犹记风吹水上鳞。
避地难求三户楚，占天曾说十年秦。
河间格义心如故，伏壁藏经世已新。
愧负当时传法意，唯余短发报长春。

八月三十一日深夜一时，入睡以后突得台北长途电话，惊悉钱宾四师逝世，悲痛之余，心潮汹涌，我立刻打电话到钱府，但钱师母不在家中，电话没有人接。所以我至今还不十分清楚钱先生（我一直是这样称呼他的，现在仍然只有用这三个字才能表达我对他的真实情感）逝世的详情，不过我先后得到台北记者的电话已不下四五起，都说他是在很安详的状态下突然去的，这正是中国人一向所说的"无疾而终"。这一点至少给了我很大的安慰。1990年7月，我回到台北参加"中央研究院"的会议，会后曾第一次到钱先生的新居去向他老人家问安。想不到这竟是最后一次见到他了，走笔至此禁不住眼泪落在纸上。

最近十几年，我大概每年都有机会去台北一两次，多数是专程，但有时是路过。而每次到台北，无论行程怎么匆促，钱先生是我一定要去拜谒的。这并不是出于世俗的礼貌，而是为一种特殊的情感所驱使。我们师生之间的情感是很特别的，因为它是在患难中建立起来的。四十年来，这种情感已很难再用"师生"两个字说明它的内容了。但最近两三年来，我确实感到钱先生的精神一次比一次差。今年七月初的一次，我已经不敢说他是否还认识我了。但是他的身体状态，至少表面上还没大变化。所以，他的突然逝世，对我还是一件难以接受的事。

我对于钱先生的怀念，绝不是短短一两篇，甚至三五篇"逝世纪念"那种形式化的文字，所能表达得出来的，而且我也绝不能写那样的文字，来亵渎我对他老人家的敬爱之情。所以，我现在姑且回想我最初认识他的几个片断，为我们之间四十年的师生情谊，留下一点最真实的见证，同时，也稍稍发抒一下我此时的哀痛。以后我希望有机会写一系列文字，来介绍他的思想和生平，但那必须在我的情绪完全平复以后才能下笔。

我在前面所引的诗，是我五年以前祝贺钱先生九十岁生日的四首律诗的最后一首，说的正是我们在香港的那一段岁月。我第一次见到钱先生，是1950年的春天，我刚刚从北京到香港，那时我正在北京的燕京大学历史系读书。我最初从北京到香港，自以为只是短期探亲，很快就会回去的。但是到了香港以后，父亲①告诉我，钱先生刚刚在这里创办了新亚书院②，要我去跟钱先生念书。我还清楚地记得，父亲带我去新亚的情

---

①父亲：指余协中（1898—1983），名谊爽，后改名谊达，安徽省潜山县官庄乡人。著名的历史学家，曾任天津南开大学。历史系主任，河南大学文史系主任。1957年，携眷赴美定居。二子余英时和余英华均为著名学者。

②新亚书院：1949年由钱穆等来自内地的一群学者在香港九龙创办，与崇基书院、联合书院构成香港中文大学建校的三大书院。"新亚"取亚洲新生之义。

形。钱先生虽然在中国是望重一时的学者，而且我早就读过他的《国史大纲》和《中国近三百年学术史》，也曾在燕大图书馆中参考过《先秦诸子系年》，但是他在香港却没有很大的号召力。当时新亚书院初创，学生一共不超过二十人，而且绝大多数是从大陆来的难民子弟。九龙桂林街时代的新亚，更谈不上是"大学"的规模，校舍简陋得不成样子，图书馆则根本不存在，整个学校的办公室，只是一个很小的房间，一张长桌已占满了全部空间。我们在长桌的一边坐定不久，钱先生便出来了。我父亲和他已见过面。他们开始寒暄了几句。钱先生知道我愿意从燕京转来新亚，便问问我以前的读书情况。他说新亚初创，只有一年级。我转学便算从二年级的下学期开始，但必须经过一次考试，要我第二天来考。我去考试时，钱先生亲自出来主持，但并没有给我考题，只叫我用中、英文各写一篇读书的经历和志愿之类的文字。交卷以后，钱先生不但当场看了我的中文试卷，而且接着又看我的英文试卷。这多少有点出乎我的意料。我知道钱先生是完全靠自修成功的，并没有受到完整的现代教育。他怎么也会看英文呢？我心中不免在问。很多年以后，我才知道他在写完《国史大纲》以后，曾自修过一年多的英文，但当时我是不知道的。阅卷之后，钱先生面带微笑，这样我便被录取了，成为新亚书院文史系二年级第二学期的学生了。这是我成为他的学生的全部过程。现在回想起，这是我一生中最值得引以自傲的事。因为钱先生的弟子尽管遍天下，但是从口试、出题、笔试、阅卷到录取，都由他一手包办的学生，也许我是唯一的一个。

钱先生给我的第一个印象，是个子虽小，但神定气足，尤其是双目炯炯，好像把你的心都照亮了。同时还有一个感觉，就是他是一个十分严肃、不苟言笑的人。但是这个感觉是完全错误的，不过等到我发现这个错误，那已是一两年以后的事了。

钱穆

当时新亚学生很少，而程度则参差不齐。在国学修养方面，更是没有根基，比我还差的也大有人在。因此钱先生教起课来是很吃力的，因为他必须尽量迁就学生的程度。我相信他在新亚教课，绝不能与当年在北大、清华、西南联大时相提并论。我个人受到他的教益主要是在课堂之外。他给我的严肃印象，最初使我有点敬而远之，后来由于新亚师生人数很少，常常有同乐集会，像个大家庭一样，慢慢地师生之间便熟起来了。熟了以后，我偶尔也到他的房间里面，去请教他一些问题，这样我才发现，他真是"即之也温"的典型。而后来，我父亲也在新亚兼任一门西洋史，他常常和我们一家人，或去太平山顶，或去石澳海边坐茶馆，而且往往一坐便是一整天，这便是上面所引诗中的"犹记风吹水上鳞"了。钱先生那时偶尔还有下围棋的兴趣，陈伯庄先生是他的老对手，因为两人棋力相等。我偶尔也被他让几个子，指导一盘，好像我从来没有赢过。

这样打成一片以后，我对钱先生的认识，便完全不同了，他原本是一个感情十分丰富，而又深厚的人。但是他毕竟有儒学的素养。在多数情况下，都能够以理驭情，恰到好处。我只记得，有一次他的情感没有完全控制好，那是我们一家人请他同去看一场电影，是关于亲子之情的片子。散场以后，我们都注意到他的眼睛是湿润的。不用说，他不但受了剧情的感染，而且又和我们一家人在一起，他在怀念着留在大陆的子女。但这更增加了我对他的敬爱。有一年的暑假，香港奇热，他又犯了严重的胃溃疡，一个人孤零零地躺在一间空教室的地上养病。我去看他，心里真感到为他难受。我问他：有什么事要我帮你做吗？他说：他想读王阳明的文集。我便去商务印书馆给他买了一部来。我回来的时候，他仍然是一个人躺在教室的地上，似乎新亚书院全是空的。

我跟钱先生熟了以后，真可以说是不拘形迹，无话不谈，甚至彼此偶尔幽默一下，也是有的。但是，他的尊严永远是在那里的，使你不可能有一分钟忘记。但这绝不是老师的架子，绝不是知识学问的傲慢，更不是世俗的矜持。他一切都是自自然然的，但这是经过人文教养浸润以后的那种自然。我想这也许便是中国传统语言所谓的"道尊"，或现代西方人所说的"人格尊严"。

这种尊严使你在他面前永远会守着言行上的某种分寸，然而又不觉得受到什么权威的拘束。说老实话，在五十年代初的香港，钱先生不但无权无势，连吃饭都有困难，从世俗的标准看，哪里谈得上"权威"两个字？这和新亚得到美国雅礼协会的帮助以后，特别是新亚加入中文大学以后的情况，完全不同。我们早期的新亚学生和钱先生都是患难之交。以后，雅礼协会和哈佛燕京社都支持新亚了，香港大学又授予他荣誉博士学位，钱先生在香港社会上的地位，当然遽速上升。但是，就个人的亲身体验而言，钱先生则依然故我，一丝一毫也没有改变。发展以后的新亚，迁到了嘉林边道。我仍然不时到他的房间里聊天，不过常不免遇到许多形形色色的访客。有一次，一位刚刚追随他的文史界前辈，也恰好在座，忽然这位先生长篇大段地背诵起文章来了，我没有听清楚是什么，钱先生有点尴尬地笑。原来他背诵的是钱先生几十年前在北平图书馆馆刊上所发表的一篇文字。这一切都和钱先生本人毫不相干。1960年春季，钱先生到耶鲁大学任访问教授，我曾两度去奉谒，他和钱师母也两度到康桥来作客。他们临行前，还和我们全家同去一个湖边木屋住了几天。我们白天划船，晚上打麻将。这才恢复到我们五十年代初在香港的那种交游。钱先生还是那么自然、那么率真、那么充满了感情，但也依然带着那股令人起敬的尊严。

上面描写的钱先生的生活的一面，我想一般人是不十分清楚的。我能比较完整地看到这一面，也是出于特殊机缘造成的。钱先生从来不懂得哗众取宠，对于世俗之名也毫无兴趣，更不知道什么叫作"制造社会形象"或"打知名度"。这些"新文化"是向来和他绝缘的。因此他不会在和人初相识时，便有意要留下深刻的印象。他尤其不肯面对青年人，说过分称誉的话。除非有五十年代香港的那种机缘，钱先生的真面目，是不易为人发现的。他对《论语》"人不知而不愠"那句话，深信不疑，而近于执著。五十年代初，他和我闲谈时，也不知提到了多少次，但他并不是向我说教，不过触机及此罢了。

上面说到我得到钱先生的教益，主要是在课堂以外，这也有外缘的关系。我在新亚先后只读了两年半，正值新亚书院最艰困的时期，钱先生常常要奔走于香港与台北之间，筹募经费。1950年年底，他第一次去台北，大约停留了两三个月，好像1951年的春季，他没有开课。五一年冬他又去了台北，不久便发生了在联合国同志会演讲而礼堂倒塌的事件。钱先生头破血流，昏迷了两三天，几乎死去，所以，整个五二年春季他都在台湾疗养。1952年夏初，新亚书院举行第一届毕业典礼，我是三个毕业生之一，但钱先生还没有康复，以致竟未能赶回香港参加。所以我上钱先生的课，一共不过一个半学年而已。事实上，我有机会多向钱先生私下请益，是在他伤愈回港以后，也就是我毕业以后。

大概在1950年秋季开学不久，我为了想比较深入地读《国史大纲》，曾发愤作一种钩玄提要的工夫，把书中的精要之处摘录下来，以备自己参考。我写成了几条之后，曾送呈钱先生过目，希望得到他的指示。这大概是我第一次在课外向他请教。钱先生的话，我至今还记得。他说："你做这种笔记的工夫，是一种训练。但是你最好在笔记本上留下一半空页，将来读到别人的史著而见解有不同时，可以写在空页上，以备比较和进一步的研究。"他的闲闲一语，对我有很深的启示，而且他透露出他自己对学问的态度。《国史大纲》自然代表了他自己对一部中国史的系统见解。但是他并不认为这是唯一的看法，而充分承认别人从不同的角度，也可以得出不同的论点。初学的人，则应该在这些不同之处用心，然后去追寻自己的答案。用今天的话说，钱先生的系统是开放的，而不是封闭的。这个意思，他在《国史大纲》的"引言"和"书成自序"中也隐约地表示过，但是对我而言，究竟不及当面指点，直凑单微①，来得亲切。从此以后，我便常常警惕自己不能武断，约束自己在读别人的论著——特别是自己不欣赏的观点——时，尽量虚怀体会作者的用心和立论的根据。

这次以后，我曾不断提出《国史大纲》中的具体论断，请他说明为什么要这样说，而不那样说。而每一次都是我"小鸣"，而他"大鸣"。我渐渐明白原来他多年在北大等校讲授中国通史的过程中，读遍了同时史学专家在一切重大关键问题上的研究文字，然后根据他自己的通史观点，而判定其异同取舍。有一次，我们讨论到西魏府兵制，他便向我说明他和陈寅恪的看法，有何异同之处。他认为陈寅恪过分强调了宇文泰②个人私心在府兵制成立上的作用。而他则宁可从胡、汉势力的消长上去着眼。他很推崇陈寅恪的贡献，但认为专题考证的具体结论和通史所需要的综合论断，未必能完全融合无间。我举此一例，以见《国史大纲》并不易读。因为钱先生写通史时惜墨如金，语多含蓄，其背后不仅是正史、九通之类的旧史料，而且也包含了整个民国时期的史学史。

我们讨论的范围，几乎无所不包，但重点总是在现代史学的演变方面。我从他的谈论中，逐渐领悟到，中国传统学术一方面自有其分类和流变，另一方面又特别注重整体的观点。这是"专"与"通"的大问题。但是，这一传统和现代西方学术的专门化趋势接触以后，引起了许

钱穆、严耕望、余英时师徒三人

①直凑单微：单微即幽微。直凑单微在此处有接近精微的意思。语出《韩非子·有度》。

②宇文泰（507—556），字黑獭（一作黑泰），代郡武川（今内蒙古武川西）人，鲜卑族宇文部后裔。南北朝时期西魏杰出的军事家、改革家、统帅，西魏的实际掌权者，亦是北周政权的奠基者，史称周文帝。

多有关如何沟通和融化的困难，一时无法解决。如果单纯地依照西方的分类，各人选一专门的范围，去进行窄而深的断代研究，当然也会有成绩。但在熟谙中国传统的人看来，总不免有牵强和单薄之感。如果过分注重"通"的传统，先有整体的认识，再去走专家的道路，事实上又是研究者的时间、精力、聪明都不能允许的。钱先生走出了自己独特的"以通驭专"的道路。现在大家都把他当作学术思想史家，其实他在制度史、沿革地理，以至社会经济史各方面，都下过苦功，而且都有专门著述。《国史大纲》中"南北经济文化之转移"三章，尤其有绝大的见识，显示了多方面的史学修养和现代眼光。在钱先生门下，以我所认识的人而言，严耕望先治政治制度史后治人文地理，都是受到钱先生的启发和指导。1953年，钱先生得到亚洲基金会的资助，在九龙太子道租了一层楼，创办研究所，这是新亚研究所的前身。当时只有三四个研究生，我也在其中。但我当时的兴趣，是研究汉魏南北朝的社会经济史，由钱先生任导师。钱先生仍一再叮咛，希望我不要过分注意断代而忽略贯通，更不可把社会经济史弄得太狭隘，以致与中国文化各方面的发展配合不起来，这仍然是"通"与"专"之间的问题，不过钱先生的道路并不是人人都能走得通的。所以，这个大问题也一直没有得到妥善的解决。他也承认这个问题恐怕无法统一解决，只有凭各人性之所近，分途摸索。也许等到新的研究传统真正形成了，这个问题也就自然而然地化解了。这里又显示了钱先生治学的另一面：他是开放型的现代学人，承认史学的多元性，但是同时又择善固执，坚持自己的路向。他并没有陷入相对主义的泥淖。他相信，各种观点都可以用之于中国史的研究，然而学术价值的高下，仍然有客观的标准，也不完全是时人的评价即能决定，时间老人最后还是公平的。所以，在他的谈话中，他总是强调学者不能太急于自售，致为时代风气卷去，变成了吸尘器中的灰尘。这便回到"人不知而不愠"那个老话题上去了，但是他承认三十年代的中国学术界已酝酿出一种客观的标准，可惜为战争所毁，至今未能恢复。

钱先生回忆民国以来中国学术界的变迁，对我也极有吸引力。最初，我只是为了好奇而向他追问各派的人物的性格和治学的长短，及彼此间的关系。但久而久之，使我对民国学术思想史，有了比较亲切的认识。这一部分的知识，更是书本上所找不到的。钱先生自民国十九年到北平以后，表面上他已进入了中国史学的主流，然而，他的真正立场和主流中的"科学"考证或"史料学"，又不尽相合。因此，他和反主流派的学人却更为投缘，甚至左派学人中也不乏和他谈得来的。例如，杜守素①便非常佩服他，范文澜②也十分注意他的著作。四十年代中，范文澜开始编《中国通史简编》，便颇取材于《国史大纲》，不过解释不同而已。此外，如南方以中央大学为中心的史学家如缪凤林③、张其昀④，也和他交往很密切。钱先生不在任何派系之中，使他比较能看得清各派的得失。他又有自己的观点，所以论断鲜明，趣味横生。1971年以后，我每次到台北去看他，只要话题转到这一方面，他总是喜欢回忆这些学坛掌故。我曾一再请求他写下来，为民国学术史留下一些珍贵的资料。这也许有助于他后来下决心写《师友杂忆》。但是《杂忆》的文字还是太洁净、太含蓄了，这是他的一贯风格。但读者如果不具备相当的背景知识，恐怕很难体会到他的言外之意，更不用说言外之事了。

自从获得钱先生逝世的消息，这几十小时之内，香港五年的流亡生

---

①杜守素：即杜国庠（1889—1961），别名守素，广东澄海人。哲学家、历史学家。曾任中国科学院广州分院院长。著有《中国逻辑史》《中国佛学概论》《杜国庠文集》及《中国思想通史》（和侯外庐等合编）等。

②范文澜（1893—1969），字芸台，浙江绍兴人。历史学家。曾在南开大学、北京大学、国立河南大学、北京师范大学、辅仁大学等校任教。著有《中国近代史》《文心雕龙注》《范文澜史学论文集》，主编《中国通史简编》等。

③缪凤林（1899—1959），字赞虞，浙江富阳县人。史学家、教育家，学衡派代表人物之一。曾任国立中央大学史学系教授，南京大学历史系教授。著作有《中国通史要略》《中国史论丛》《中国民族史》等。

④张其昀（1900—1985），字晓峰，浙江宁波鄞县人。中国地理学家、历史学家。曾在上海商务印书馆、国立浙江大学史地系、哈佛大学等单位任职。1949年后，任中国国民党中央委员会秘书长等职。著有《本国地理》《政治地理学》《中华五千年史》《中华民国史纲》等。

涯在我心中已重历了无数次。有些记忆本已隐没甚久，现在也复活了起来。正如钱先生所说，忘不了的人和事，才是我们的真生命。我这篇对钱先生的怀念，主要限于五十年代的香港，因为这几年是我个人生命史上的关键时刻之一。我可以说，如果我没有遇到钱先生，我以后四十年的生命，必然是另外一个样子。这就是说：这五年中，钱先生的生命进入了我的生命，而发生了塑造的绝大作用。但是，反之则不然，因为钱先生的生命早已定型，我在他的生命史上，则毫无影响可言。最多不过如雪泥鸿爪[①]，留下一点浅浅的印子而已。

这篇文字在情感波动中写出，无暇修饰，也不能修饰，但所记仅仅是一个轮廓。在结束之前，让我叙述一个刚刚发生的故事，因为这个故事富有象征的意义。

我在美国教学和研究已三十年，钱先生的著作当然是和我的工作分不开的。在我的朋友和学生之中，当然也有不少人因为我的指引，才去细读钱先生的著作。其中最明显的当然是 Jerry Dennerline。前年（1988年）在耶鲁大学出版的《钱穆和七房桥的世界》，这是以《八十忆双亲》的译注为基础而写成的专著。但是三十年来，我并没有利用任何机会去宣扬钱先生的学术和思想，好像要造成一个"学派"的样子，这也是本于钱先生的精神，同时，我深信"道假众缘，复须时熟"[②]之说，揠苗助长是有害无利的。而且，钱先生毕生所发挥的是整个中国学术传统，不是他个人的私见。过分强调或突出他个人的作用，不是抬高或扩大他，而是降低或缩小他。他对章学诚"言公"[③]和"谢名"的深旨，低回往复，不能自已，其故正在于是。

---

①雪泥鸿爪：用大雁在雪泥上留下的爪印比喻人生往事遗留的痕迹。出自苏轼《和子由渑池怀旧》诗句："人生到处知何似，应似飞鸿踏雪泥。"也作鸿泥雪爪。

②道假众缘，复须时熟：意思是一切道法，要借助因缘，等待时机，方能成就。

③言公：章学诚在《文史通义》中提出的学术观点："古人之言，所以为公也，未尝矜于文辞，而私据为己有也。"他认为，著述为公，立言垂后，非为一己之私名，甚至认为著书立说应该"谢名"（不署名）。

我个人几十年来也没有直接写到钱先生的机会，因为我在美国的教学和研究，都不涉及近代和现代的人物与思想。一年多以前，我接受了瑞典诺贝尔委员会的邀请，在今年九月初参加一个讨论世界各国"民族史的概念"(conceptions of national history)的学术会议。我想借此机会，听听其他国家的专家关于这个问题的意见，因此几经考虑之后，决定参加。我的题目是"二十世纪中国民族史概念的变迁"，论文期限本在六月底，但因为我七月初回台北开会，加上其他事情，一直延至最近才赶写了出来。这篇文字，从章炳麟、梁启超开始，最后一位代表，恰好是钱先生。在我得到钱先生逝世消息的前几个小时，我正在撰写《国史大纲》所体现的民族史的意识。也许在他离开人世的那一刹那，就是我介绍《国史大纲》的时刻。这中间是不是有什么感应之理呢？也许像我在上面所说的，由于他在我早期的生命中发生了塑造的力量，这种力量在他临终前，又从我的潜意识中涌现了出来。无论如何，这总是一种不可思议的巧合。但是使我备加哀痛的是：我不能不对这篇文字作一次最后的修改，添上了他的卒年，并且把动词改为过去式。

钱先生走了，但是他的真精神、真生命并没有离开这个世界，而延续在无数和他有过接触的其他人的生命之中，包括像我这样一个平凡的生命在内。

作者简介

余英时，1930年生于天津，祖籍安徽潜山。著名历史学家、汉学家，台湾中央研究院院士、美国哲学学会院士。20世纪50年代就读于香港新亚书院及新亚研究所，师从钱穆先生。曾任密西根大学、哈佛大学、耶

鲁大学教授、香港新亚书院院长兼中文大学副校长。现任普林斯顿大学讲座教授。

著有《汉代中外经济交通》《历史与思想》《史学与传统》《中国思想传统的现代诠释》《文化评论与中国情怀》《中国文化与现代变迁》《历史人物与文化危机》《士与中国文化》《红楼梦的两个世界》《中国近代思想史上的胡适》《现代儒学论》《朱熹的历史世界》等。

编辑缀语

新亚书院初建之时，由于资金紧张，办学极其艰难。钱穆和唐君毅等积极筹措，甚至自己写稿赚稿费维持学校运转。文中对办校之初的情况也有提及，可以说，当时的新亚虽然条件简陋，学术水平却都是一流的。钱穆等一批以弘扬儒学为己任的大师的人品、学识和眼界令人敬仰，这也正是新亚成功培育了一批又一批人才的原因。随着接触的深入，老师在作者心中由原来那个严肃而不苟言笑的长者，逐渐变成一个"即之也温"的自然、率真、充满了感情，时刻令人起敬的师者。这位对世俗之名毫无兴趣，更不知道什么叫作"制造社会形象"或"打知名度"的质朴的老者，这位辗转奔走兴学育人、病时一个人孤零零地躺在教室的地上却仍要看《王阳明文集》的老师，这个写出《国史大纲》等名作的历史学家，走完了他不平凡的一生，给后人留下了巨大的精神财富。从作者笔下或许我们能够学一点钱先生做人的骨气、做事的态度和做学问的境界。

他执着于一个绵邈温馨的中国，

他的孤意是一个中国读书人

对传统的悲痛的拥姿，而他的深情，

使他容纳接受每一股昂扬冲激的生命，

因而使自己更其波澜壮阔，浩瀚森森……

孤意与深情

张晓风

我和俞大纲①老师的认识是颇为戏剧性的，那是八年以前，我去听他演讲，活动是李曼瑰②老师办的，地点在中国话剧欣赏委员会，地方小，到会的人也少，大家听完了也就零零落落地散去了。

但对我而言，那是个截然不同的晚上，也不管夜深了，我走上台去找他，连自我介绍都省了，就留在李老师那套破旧的椅子上继续向他请教。

俞老师是一个谈起话来就没有时间观念的人，我们愈谈愈晚，后来

---

①俞大纲（1908—1977），生于浙江绍兴。剧作家。早年就读于上海光华大学、北京燕京大学，专精于中国古代文学艺术与戏曲文学的研究。曾任台湾中国文化大学中国戏剧学系的首任系主任。著有《戏剧纵横谈》《俞大纲全集》等。

②李曼瑰(1907—1975)，本名满桂，笔名雨初，广东台山人。剧作家、剧场教育家。被誉为台湾地区当代戏剧的奠基人。主要剧作有《皇天后土》《王莽篡汉》《大汉复兴曲》《淡水河畔》《阿里山的太阳》《瑶池仙梦》《汉宫春秋》和《国父传》等。

他忽然问了一句：

"你在什么学校？"

"东吴——"

"东吴有一个人，"他很起劲地说，"你去找她谈谈，她叫张晓风。"

我一下愣住了，原来俞老师竟知道我而器重我，这么大年纪的人也会留心当代文学，我当时的心情简直兴奋得要轰然一声烧起来，可惜我不是那种深藏不露的人，我立刻就忍不住告诉他我就是张晓风。

然后他告诉我他喜欢的我的散文集《地毯的那一端》，认为深得中国文学中的阴柔之美，我其实对自己早期的作品很羞于启齿，由于年轻和浮浅，我把许多好东西写得糟极了，但被俞老师在这种情形下无心地盛赞一番，仍使我窃喜不已。接着又谈了一些话，他忽然说：

"白先勇①你认识吗？"

"认识。"那时候他刚好约我在他的晨钟出版社出书。

"他的《游园惊梦》里有一点小错，"他很认真的说，"吹腔，不等于昆曲，下回告诉他改过来。"

我真的惊讶于他的细腻。

后来，我就和其他年轻人一样，理直气壮的穿过怡太旅行社业务部而直趋他的办公室里聊起天来。

"办公室"设在馆前街，天晓得俞老师用什么时间办"正务"，总之那间属于怡太旅行社的办公室，时而是戏剧研究所的教室，时而又似乎是振兴国剧委员地的免费会议厅，有时是某个杂志的顾问室……总之，印象是满屋子全是人，有的人来晚了，到外面再搬张椅子将自己塞挤进来，有的人有事便径自先行离去，前前后后，川流不息，仿佛开着流水席，反正任何人都可以在这里做学术上的或艺术上的打尖。

---

①白先勇：1937年生于广西桂林。台湾当代著名作家，国民党高级将领白崇禧之子，毕业于国立台湾大学。主要作品有《台北人》《游园惊梦》《纽约客》《青春版牡丹亭》《孽子》《蓦然回首》等。

也许是缘于我的自入，我自己虽也多次从这类当面的和电话聊天中得到许多好处，但我却不赞成俞老师如此无日无夜的来者不拒。我固执的认为，不留下文字，其他都是不可信赖的，即使是嫡传弟子，复述自己言论的时候也难免有失实之处，这话不好直说，我只能间接催老师。

"老师，您的平剧①剧本应该抽点时间整理出来发表。"

"我也是这样想呀！"他无奈地叹了口气，"我每次一想到发表，就觉得到处都是缺点，几乎想整个重新写过——可是，心里不免又想，唉，既然要花那么多功夫，不如干脆写一本新的……"

"好啊，那就写一个新的！"

"可是，想想旧的还没有修整好，何必又弄新的？"

唉，这真是可怕的循环。我常想，世间一流的人才往往由于求全心切反而没有写下什么，大概执着笔的，多半是二流以下的角色。

老师去世后，我忍不住有几分生气，世间有些胡乱出版的人是"造孽"，但惜墨如金，竟至不立文字则对晚辈而言近乎"残忍"，对"造孽"的人历史还有办法，不多久，他们的油墨污染便成陈迹，但不勤事写作的人连历史也对他们无可奈何。倒是一本《戏剧纵横谈》在编辑的半逼半催下以写随笔心情反而写出来了，算是不幸中的小幸。

有一天和尉素秋先生谈起，她也和我持一样的看法，她说："唉，每天看讣闻都有一些朋友是带着满肚子学问死的——可惜了。"

老师在世时，我和他虽每有会意深契之处，但也有不少时候，老师坚持他的看法，我则坚持我的。如果老师今日复生，我第一件急于和他辩驳的事便是坚持他至少要写二部书，一部是关于戏剧理论，另一部则应该至少包括十个平剧剧本，他不应该只做我们这一代的老师，他应该做以后很多代年轻人的老师……

可是老师已不在了，深夜里我打电话和谁争论去呢？

---

①平剧：即京剧。中华民国时期，北京称北平，故京剧称平剧。

对于我的戏剧演出，老师的意见也甚多，不论是"灯光""表演""舞台设计""舞蹈"他都"有意见"，事实上俞老师是个连对自己都"有意见"的人，他的可爱正在他的"有意见"。他的意见有的我同意，有的我不同意，但无论如何，我十分感动于每次演戏他必然来看的关切，而且还让怡太旅行社为我们的演出特别赞助一个广告。

老师说对说错表情都极强烈，认为正确时，他会一迭声地说："对——对——对——对——……"

每一个对字都说得清晰、缓慢、悠长，而且几乎等节拍，认为不正确时，他会嘿嘿而笑，摇头，说："完全不对，完全不对……"

令我惊讶的是老师完全不赞同比较文学，记得我第一次试着和他谈谈一位学者所写的关于元杂剧的悲剧观，他立刻拒绝了，并且说：

"晓风，你要知道，中国和西洋是完全不同的，完全不同的，一点相同的都没有！"

"好，"我不服气，"就算比出来的结果是'一无可比'，也是一种比较研究啊！"

可是老师不为所动，他仍坚持中国的戏就是中国的戏，没有比较的必要，也没有比较的可能。

"举例而言，"好多次以后我仍不死心，"莎士比亚和中国的悲剧里在最严肃最正经的时候，却常常冒出一段科诨——而且，常常还是黄色的，这不是十分相似的吗？"

"那是因为观众都是新兴的小市民的缘故。"

奇怪，老师肯承认它们相似，但他仍反对比较文学。后来，我发觉俞老师和其他年轻人在各方面的看法也每有不同，到头来各人还是保持了各人的看法，而师生，也仍然是师生。

有一阵，报上猛骂一个人，简直像打落水狗，我打电话请教他的意见，其实说"请教"是太严肃了些，俞老师自己反正只是和人聊天（他真的聊一辈子天，很有深度而又很活泼的天），他绝口不提那人的"人"，却盛赞那人的文章，说：

"自有白话文以来，能把旧的诗词套用得那么好，能把固有的东西用得那么高明，此人当数第一！"

"是'才子之笔'对吗？"

"对，对，对。"

他又赞美他取譬喻取得委婉贴切。放下电话，我感到什么很温暖的东西，我并不赞成老师说他是白话文的第一高手，但我喜欢他那种论事从宽的胸襟。

我又提到一个骂那人的人。

"我告诉你，"他忽然说，"大凡骂人的人，自己已经就受了影响了，骂人的人就是受影响最深的人。"

我几乎被这种怪论吓了一跳，一时之间也分辨不出自己同不同意这种看法，但细细推想，也不是毫无道理。俞老师凡事愿意退一步想，所以海阔天空竟成为很自然的事了。

最后一次见老师是在国军文艺中心，那晚演上本《白蛇传》，休息的时候才看到老师和师母原来也来了。

师母穿一件枣红色的曳地长裙，衬着银发发亮，师母一向清丽绝俗，那晚看起来比平常更为出尘。

不知为什么，我觉得老师脸色不好。

"《救风尘》写了没？"我趁机上前去催问老师。

老师曾告诉我他极喜欢元杂剧《救风尘》，很想将之改编为平剧。其实这话说了也有好几年了。"

"大家都说《救风尘》是喜剧，"他曾感叹地说，"实在是悲剧啊！"

几乎每隔一段时间，我总要提醒俞老师一次"救风尘"的事，我自己极喜欢那个戏。

"唉——难啊——"

俞老师的脸色真的很不好。

"从前有位赵先生给我打谱——打谱太重要了，后来赵先生死了，现在要写，难啊，平剧——"

我心里不禁悲伤起来，作词的人失去了谱曲的人固然悲痛，但作词的人自己也不是永恒的啊！

"这戏写得好，"他把话题拉回《白蛇传》，"是田汉①写的。后来的《海瑞罢官》也是他写的——就是给批斗了的那一本。"

"明天我不来了！"老师又说。

"明天下半本比较好啊！"

"这戏看了太多遍了。"老师说话中透露出显然的疲倦。

我不再说什么。

后来，就在报上看到老师的死。老师患先天性心脏肥大症多年，原来也就是随时可以撒手的，前不久他甚至在计程车上突然失去记忆，不知道回家的路。如果从这些方面来看，老师的心脏病突发倒是我们所可能预期的最幸福的死了。

悲伤的是留下来的，师母，和一切承受过他关切和期望的年轻人，我们有多长的一段路要走啊！

老师生前喜欢提及明代的一位女伶楚生，说她"孤意在眉，深情在睫"，"孤意"和"深情"原是矛盾的，却又很微妙地是一个艺术家必要的一种矛盾。

老师死后我忽然觉得老师自己也是一个有其"孤意"有其"深情"的人，他执着于一个绵邈温馨的中国，他的孤意是一个中国读书人对传统的悲痛的拥姿，而他的深情，使他容纳接受每一股昂扬冲激的生命，因而使自己更其波澜壮阔，浩瀚森森……

---

①田汉（1898—1968），原名田寿昌，笔名田汉。湖南长沙人。剧作家、戏曲作家、诗人、文艺批评家。中华人民共和国国歌的词作者。曾任文化部艺术局局长。作品有《名优之死》《关汉卿》《谢瑶环》《丽人行》《文成公主》《风云儿女》及《田汉戏曲集》《田汉选集》等。

　　张晓风,笔名晓风、桑科、可叵。1941年生于浙江金华,原籍江苏铜山。台湾地区著名作家,散文名家。8岁随父母赴台。毕业于台湾东吴大学中文系。后任台湾阳明大学教授。

　　主要著作品有小说《白手帕》《红手帕》《梅兰竹菊》,戏剧《画爱》《第五墙》《武陵人》《和氏璧》,散文集《玉想》《地毯的那一端》《你还没有爱过》《我在》《步下红毯之后》《从你美丽的流域》《愁乡石》,另有《张晓风散文》《张晓风精选集》《张晓风自选集》等。

编辑缀语 〰〰〰〰〰〰〰〰〰〰〰〰〰〰〰〰〰〰〰〰〰〰〰〰〰〰〰〰〰〰〰〰〰〰〰〰〰〰〰

　　俞大纲早年师承徐志摩,属于新月派的成员,专精于中国古代文学艺术与戏曲文学的研究。1949年后任教于台湾大学中文系,是台湾中国文化大学中国戏剧学系的首任系主任。俞先生一生以教书育人为首务,对于提携人文艺术的后进人才不遗余力,林怀民、郭小庄、吴美云、姚孟嘉、邱坤良、蒋勋、王秋桂、施叔青、李昂等人,都曾受教于他。在作者的印象中,俞老师的办公室总是满屋子人,"川流不息,仿佛开着流水席",由此可见老师的学识与德操。而老师是个惜墨如金的人,虽满腹才学,却态度严谨,并不轻言著述。在这个只承认"文字"的时代,老师宁愿把时间用于教育人才,却不立文字,令作者甚为无奈。作者屡次催促,也没能如愿,老师还是带着满肚子学问离开了人世。幸而还有一本《戏剧纵横谈》,可算是对大家小小的安慰。老师应该是带着欣慰离世的吧，毕竟这个世上，还有他的弟子是真正懂他的，能体味他的"孤意"，也能理解他的"深情"。

张晓风的散文一向柔婉沉静，不置臧否，但读者不难从字里行间读出作者对老师的"述而不作"的一生惋惜之情。

一个将自己关了四年的孩子，
一旦给她一个小小的肯定，
都是意外的惊惶和不能相信
——更何况老师替我摘星了。

蓦然回首

三　毛

这儿不是泰安街，没有阔叶树在墙外伸进来。也不是冬天，正是炎热的午后。

我的手里少了那个画箱，没有夹着油画，即使是面对那扇大门，也是全然陌生的。

看了一下手表，早到了两分钟。

要是这一回是看望别的朋友，大概早就嚷着跑进去了，守不守时又有什么重要呢！

只因看的人是他，一切都不同了。

就那么静静的站在门外的夕阳下，让一阵阵熟悉而又遥远的倦怠再次淹没了自己。

我按铃，有人客气的领我穿过庭院。

短短的路，一切寂静，好似永远没有尽头，而我，一步一步将自己踩回了少年。

那个少年的我，没有声音也没有颜色的我，竟然鲜明如故。什么时候才能挣脱她的阴影呢！

客厅里空无一人，有人送茶来，我轻轻道谢了，没有敢坐下去，只是背着门，看着壁上的书画。

就是这几秒钟的等待，在我都是惊惶。

但愿有人告诉我，顾福生①出去了，忘了这一次的会晤，那么我便可以释然离去了。

门开了，我急速的转过身去。我的老师，比我大不了多少的启蒙老师，正笑吟吟的站在我的面前。

我向他跨近了一步，微笑着伸出双手，就这一步，二十年的光阴飞逝，心中如电如幻如梦，流去的岁月了无痕迹，而我，跌进了时光的隧道里，又变回了那年冬天的孩子——情怯依旧。

那个擦亮了我的眼睛，打开了我的道路，在我已经自愿淹没的少年时代拉了我一把的恩师，今生今世原已不盼再见，只因在他的面前，一切有形的都无法回报，我也失去了语言。

受教于顾福生老师之前，已在家中关了三年多，外界如何的春去秋来，在我，已是全然不想知觉了。

我的天地，只是那幢日式的房子、父亲母亲、放学时归来的姊弟，而这些人，我是绝不主动去接触的。向街的大门，是没有意义的，对我，街上没有可走的路。

小小的我，唯一的活动，便是在无人的午

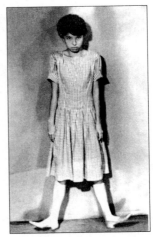

少年时代叛逆的三毛

①顾福生：1935年出生于上海。台湾地区著名油画家。台湾师范大学美术系毕业。曾为"五月画会"的一员，先后旅居法国巴黎、美国纽约、旧金山和波特兰等地。

后绕着小院的水泥地一圈又一圈的溜冰。

除了轮式冰鞋刺耳的声音之外，那个转不出圈子的少年将什么都锁进了心里，她不讲话。

初休学的时候，被转入美国学校，被送去学插花，学钢琴，学国画，而这些父母的苦心都是不成，没有一件事能使我走出自己的枷锁。

出门使我害怕，街上的人更是我最怕的东西，父母用尽一切爱心和忍耐，都找不出我自闭的症结。当然一周一次的心理治疗只有反抗更重，后来，我便不出门了。

回想起来，少年时代突然的病态自有它的原因，而一场数学老师的体罚，才惊天动地的将生命凝固成那个样子。这场代价，在经历过半生的忧患之后，想起来仍是心惊，那份刚烈啊，为的是什么？生命中本该欢乐不尽的七年，竟是付给了它。人生又有几个七年呢！

被送去跟顾福生老师学西画并不是父母对我另一次的尝试，而全然归于一场机缘。

记得是姊姊的朋友们来家中玩，那天大概是她的生日吧！其中有一对被请来的姊弟，叫做陈缤与陈骕，他们一群人在吃东西，我避在一个角落里。

陈骕突然说要画一场战争给大家看，一场骑兵队与印地安人的惨烈战役。于是他趴在地上开战了，活泼的笔下，战马倒地，白人中箭，红人嚎叫，篷车在大火里焚烧……我不挤上去看那张画，只等别人一哄跑去了院子里，才偷偷的拾起了那张弃在一旁的漫画，悄悄的看了个够。后来陈骕对我说，那只是他画着娱乐我们的东西而已，事实上他画油画。

陈骕的老师便是顾福生。

早年的"五月画会"稍稍关心艺术的人都是晓得的，那些画家们对我来说，是远天的繁星。

想都不能想到，一场画中的战役，而被介绍去做了"五月"的学生。

要我下决心出门是很难的。电话中约好去见老师的日子尚早，我已是寝食难安。

这不知是休学后第几度换老师了，如果自己去了几趟之后又是退缩了下来，要怎么办？是不是迫疯母亲为止？而我，在想到这些事情的前一步，就已骇得将房间的门锁了起来。

第一回约定的上课日我又不肯去了，听见母亲打电话去改期，我趴在床上静静的撕枕头套里的棉絮。

仍然不明白那扇陌生的大门，一旦对我开启时，我的命运会有什么样的改变。

站在泰安街二巷二号的深宅大院外，我按了铃，然后拼命克制自己那份惧怕的心理。不要逃走吧！这一次不要再逃了！

有人带我穿过杜鹃花丛的小径，到了那幢大房子外另筑出来的画室里去。我被有礼的请进了并没有人、只有满墙满地的油画的房间。

那一段静静的等待，我亦是背着门的，背后纱门一响，不得不回首，看见后来改变了我一生的人。

那时的顾福生——唉——不要写他吧！有些人，对我，世上少数的几个人，是没有语言也没有文字的。

喊了一声"老师！"脸一红，低下了头。

头一日上课是空着手去，老师问了一些普通的问题：喜欢美术吗？以前有没有画过？为什么想学画……当他知道我没有进学校念书时，表现得十分的自然，没有做进一步的追问和建议。

顾福生完全不同于以往我所碰见过的任何老师，事实上他是画家，也不是教育工作者，可是在直觉上，我便接受了他——一种温柔而可能了解你的人。

画室回来的当日，坚持母亲替我预备一个新鲜的馒头，老师说那是用来擦炭笔素描的。

母亲说过三天再上课时才去买，我竟闹了起来，怕三天以后买不到那么简单的东西。

事实上存了几日的馒头也是不能用了，而我的心，第一次为了那份期待而焦急。这份童稚的固执自己也陌生得不明不白。

"你看到了什么？"老师在我身旁问我。

"一个石像。"

"还有呢？"

"没有眼珠的石像，瞎的。"

"再看——"

"光和影。"

"好，你自己先画，一会儿老师再来！"说完这话，他便走了。

他走了，什么都没有教我，竟然走了。

我对着那张白纸和书架发愣。

明知这是第一次，老师要我自己落笔，看看我的观察和表达能有多少，才能引导我，这是必然的道理，他不要先框住我。

而我，根本连握笔的勇气都没有，一条线也画不出来。

我坐了很久很久，一个馒头静静的握在手里，不动也不敢离去。

"怎么不开始呢？"不知老师什么时候又进来了，站在我身后。

"不能！"连声音也弱了。

老师温和的接过了我手中的炭笔，轻轻落在纸上，那张白纸啊，如我，在他的指尖下显出了朦胧的生命和光影。画了第一次惨不忍睹的素描之后，我收拾东西离开画室。

那时已是黄昏了，老师站在阔叶树下送我，走到巷口再回头，那件大红的毛衣不在了。我一个人在街上慢慢的走。一步一步拖，回家没吃晚饭便关上了房门。

原本自卑的我，在跟那些素描挣扎了两个多月之后，变得更神经质了。面对老师，我的歉疚日日加深，天晓得这一次我是付出了多少的努力和决心，而笔下的东西仍然不能成形。

在那么没有天赋的学生面前，顾福生付出了无限的忍耐和关心，他从来没有流露过一丝一毫的不耐，甚至于在语气上，都是极温和的。

如果当时老师明白的叫我停课，我亦是没有一句话的。毕竟已经拖累人家那么多日子了。

那时候，我们是一周上两次课，同学不多，有时全来，有时只有我一个。

别人是下课了匆匆忙忙赶来画室，而我，在那长长的岁月里，那是一周两次唯一肯去的地方。虽然每一次的去，心中不是没有挣扎。

有一日画室中只有我一个人，凝望着笔下的惨败，一阵全然的倦怠慢慢淹死了自己。

我对老师说："没有造就了，不能再累你，以后不要再来的好！"

我低着头，只等他同意。

又要关回去了，又是长门深锁的日子，躲回家里去吧！在那把锁的后面，没有人看出我的无能，起码我是安全的。

老师听见我的话，深深的看了我一眼，微微的笑着，第一次问我："你是哪一年生的？"

我说了，他又慢慢的讲："还那么小，急什么呢？"

那时老师突然出去接一个电话，他一离开，我就把整个的上身扑倒在膝盖上去。

我也不要做画家，到底要做什么，怎么还会小，我的一生要如何过去，难道要锁到死吗？

"今天不要画了，来，给你看我的油画，来，跟我到另一间去，帮我来抬画——"老师自然的领我走出去，他没有叫我停课。

"喜欢哪一张？"他问。

老师知道什么时间疏导我的情绪，不给我钻牛角尖。画不出来，停一停，不必严重，看看他的画，说说别的事情。

那些苍白纤细的人体，半抽象半写真的油画，自有它的语言在呼应着我的心，只是当时不能诉说内心的感觉。

以后的我，对于艺术结下了那么深刻的挚爱，不能不归于顾福生当年那种形式的画所给予我的启示和感动。"平日看画吗？"老师问我。

"看的，不出门就是在看画，父亲面前也是有功课要背的。"我说。

"你的感觉很特别，虽然画得不算好——"他沉吟了一下，又问："有没有试过写文章？"

"我没有再上学，你也知道——"我呐呐的说。"这不相干的，我这儿有些书籍，要不要拿去看？"他指指书架。

他自动递过来的是一本《笔汇》合订本，还有几本《现代文学》杂志。

"下次来，我们改画水彩，素描先放下了，这样好吗？"老师在送我出门的时候突然讲了这句话。

对于这样一个少年，顾福生说话的口吻总也是尊重，总也是商量。即使是要给我改航道，用颜色来吸引我的兴趣，他顺口说出来都是温柔。

那时候中国的古典小说、旧俄作家、一般性的世界名著我已看了一些，可是捧回去的那些杂志却还是看痴了去。

波特莱尔来了，卡缪出现了。里尔克是谁？横光利一又是谁？什么叫自然主义？什么是意识流？奥德赛的故事一讲千年，卡夫卡的城堡里有什么藏着？D·H·劳伦斯、爱伦坡、芥川龙之介、富田藏雄、康明斯、惠特曼——他们排山倒海地向我噬了上来。

也是在那狂风巨浪的冲击里，我看到陈映真[1]写的《我的弟弟康雄》。

在那几天生吞活剥的急切求知里，我将自己累得虚脱，而我的心，我的欢喜，我的兴奋，是胀饱了风的帆船——原来我不寂寞，世上有那么多似曾相识的灵魂啊！

---

[1] 陈映真（1937—2016），原名陈永善，笔名许南村，台北县莺歌镇人。台湾地区著名乡土作家。作品主要有《山路》《铃铛花》《夜行货车》《将军族》《华盛顿大楼》《上班族的一日》《云》等。

再见顾福生的时候，我说了又说，讲了又讲，问了又问，完全换了一个人。

老师靠在椅子上微笑望着我，眼里露出了欣喜。他不说一句话，可是我是懂的，虽然年少，我是懂了，生命的共鸣、沟通，不是只有他的画，更是他借给我的书。

"今天画画吗？"他笑问着我。

"好呀！你看我买的水彩，一大堆哦！"我说。对着一丛剑兰和几只水果，刷刷下笔乱画，自信心来了，画糟了也不在意，颜色大胆的上，背景是五彩的。

活泼了的心、突然焕发的生命、模糊的肯定、自我的释放，都在那一霎间有了曙光。

那是我进入顾福生画室的第三个月。

每堂下课，我带回去的功课是他的书。

在家里，我仍是不出门的，可是对父母和姊弟和善多了。"老师——"有一日我在画一只水瓶，顺口喊了一句，自自然然的："……我写文章你看好不好？"

"再好不过了。"他说。

我回去就真的写了，认认真真的写了誊了。

再去画室，交给他的是一份稿件。

我跟着老师六个月了。

交稿之后的上课日，那份畏缩又回来了，永远去不掉的自卑，在初初探出触角的时候，便打败了没有信心的自己。

老师没有谈起我的稿子，他不说，我不问，画完画，对他倦倦的笑一笑，低头走了。

下一周，我没有请假也没有去。

再去画室时，只说病了，低头去调画架。

"你的稿件在白先勇那儿，《现代文学》月刊，同意吗？"

这一句轻描淡写的话如同雷电一般击在我的身上，完全麻木了。我一直看着顾福生，一直看着他，说不出一个字，只是突然想哭出来。

"没有骗我？"轻得几乎听不见的声音了。

"第一次的作品，很难得了，下个月刊出来。"老师没有再说什么，他的淡，稳住了我几乎泛滥的感触。一个将自己关了四年的孩子，一旦给她一个小小的肯定，都是意外的惊惶和不能相信——更何况老师替我摘星了。

那一场长长的煎然和等待啊！等得我几乎死去。

当我从画室里捧着《现代文学》跑回家去时，我狂喊了起来——"爹爹——"

父母以为我出了什么事，踉跄的跑到玄关的地方，平日的我，绝对不会那么大叫的，那声呼唤，又是那么凄厉，好似要喊尽过去永不说话的哑灵魂一般。

"我写的，变成铅字了，你们看，我的名字在上面——"

父亲母亲捧住那本杂志，先是愕然，再是泪光一闪。我一丢画箱，躲进了自己的房间。

第二日，我还是照习惯在房间里吃饭，那几年我很少上大家的餐桌。姊弟们晚饭时讲学校的事使我拘促，沉默的我总使全家的气氛僵硬，后来我便退了。

不知不觉，我不上课的日子也懂得出去了。那时的长春路、建国北路和松江路都还没有打通，荒荒凉凉的地段是晚饭前散步的好地方，那儿离家近，一个人去也很安全。

白先勇家原是我们的近邻，白家的孩子我们当然是面熟的。

《现代文学》刊出我的短文过了一阵，我一个人又在松江路的附近的大水泥筒里钻出钻进的玩。空寂的斜阳荒草边，远远有个人向我的方向悠悠闲闲的晃了过来，我静静的站着看了一下，那人不是白先勇吗？

确定来的人是他，转身就跑，他根本不认识我的，我却一直跑到家里，跑进自己的房间里，砰一下把门关上了。背靠着门，心还在狂跳。

"差点碰上白先勇，散步的时候——"在画室里我跟顾福生说。

"后来呢？"

"逃走了！吓都吓死了！不敢招呼。"

"你不觉得交些朋友也是很好的事情？"老师问说。他这一问，我又畏缩了。

没有朋友，没有什么朋友，唯一的朋友是我的老师和我的书。

过了一阵，老师写了一个纸条给我，一个永康街的地址，一个美丽的名字——陈秀美。

那张地址，搁了一个多月也没有动它。

被问了好几次，说好已经转人介绍了，只等我去一趟，认识一下白先勇的女同学，交一个朋友。

我迫不得已的去了，在永康街的那幢房子里，结识了我日后的朋友——笔名陈若曦①的她。

事隔多年，秀美再与我联络上，问起我，当年她笔下的《乔琪》曾否看见我自己旧日的影子？

当年的老师，是住在家里的，他的画室筑在与正屋分开的院子里。

谁都知道顾家有几个漂亮的女儿，有时候，在寂静的午后，偶尔会有女孩子们的笑声，滑落到我们的画室里来，那份小说世界里的流丽，跟我黯淡的生活是两岸不同的灯火，遥不可及。

有一个黄昏，我提了油污斑斓的画箱下课，就在同时，四个如花似玉、娇娇滴滴的女孩儿也正好预备出门。我们碰上了。

那一刹那，彼此都有惊异，彼此都曾打量，老师介绍说，都是他的姐妹。我们含笑打了招呼，她们上车走了。

在回家的三轮车上，我低头看着自己没有颜色的素淡衣服，想着刚

①陈若曦：本名陈秀美，1938年出生于台湾台北。著名作家。毕业于台湾大学外文系。著有小说集《尹县长》《城里城外》，长篇小说《归》《突围》，杂文集《文革杂忆》《无聊才读书》等。

刚使人目眩神迷，惊鸿而去的那一群女孩，我方才醒觉，自己是一只什么样的丑小鸭。

在那样的年纪里，怎么未曾想过外表的美丽？我的衣着和装扮，回忆起来只是一片朦胧，鲜艳的颜色，好似只是画布上的点缀，是再不会沾到身上来的。

在我们的家里，姊姊永远在用功读书，年年做班长——她总是穿制服便很安然了。

惊觉自己也是女孩子，我羞怯的向母亲要打扮。母亲带着姊姊和我去定做皮鞋，姊姊选了黑漆皮的，我摸着一张淡玫瑰红的软皮爱不释手。

没有路走的人本来是不需鞋子的，穿上新鞋，每走一步都是疼痛，可是我近乎欣悦的不肯脱下它。

那时，国外的衣服对我们家来说仍是不给买的。

有一日父母的朋友从国外回来，送了家中一些礼物，另外一个包裹，说是送给邻近赵姊姊的一件衣服，请母亲转交。母亲当日忙碌，没有即刻送过去。

我偷开了那个口袋，一件淡绿的长毛绒上衣躺在里面。

这应该是我的，加上那双淡红的鞋，是野兽派画家马蒂斯①最爱的配色。

第二天下午，我偷穿了那件别人的新衣，跑到画室去了。没有再碰到顾家的女儿，在我自以为最美丽的那一刻，没有人来跟我比较。

我当当心心的对待那件衣服，一不小心，前襟还是沾上了一块油彩。

潜回家后，我急急的脱下了它，眼看母亲在找那件衣服要给人送去，而我，躲在房中怎么样也擦不掉那块沾上的明黄。

眼看是没有别的法子，我拿起剪刀来，像剪草坪似的将那一圈沾色的长毛给剪掉了，然后摺好，偷偷放回口袋中。母亲拿起来便给赵姊姊

---

①亨利·马蒂斯（1869—1954），法国著名画家、雕塑家、版画家，野兽画派创始人和主要代表人物。代表作有《豪华、宁静、欢乐》《生活的欢乐》《开着的窗户》《戴帽的妇人》等。

送新衣去了。

当年的那间画室，将一个不愿开口，不会走路，也不能握笔，更不关心自己是否美丽的少年，滋润灌溉成了夏日第一朵玫瑰。

《现代文学》作品的刊出，是顾福生和白先勇的帮助，不能算是投稿。

我又幻想了一个爱情故事，一生中唯一不发生在自己身上的故事，悄悄试投《中央日报》，过不久，也刊了出来。没敢拿给老师看，那么样的年纪居然去写了一场恋爱，总是使人羞涩。

在家里，我跟大家一起吃饭，也会跟弟弟惊天动地的打架了。

可是我仍很少出门，每周的外出，仍是去泰安街，在那儿，我也是安全的。

老师自己是一个用功的画家，他不多说话，可是在他的画里，文学的语言表达得那么有力而深厚，那时候他为自己的个展忙碌，而我并不知道，个展之后他会有什么计划。

他的画展，我一趟一趟的跑去看，其中有两张，都是男性人体的，我喜欢得不得了，一张画名字已不记得了，可是至今它仍在我的脑海里。另一张，一个趴着的人，题为《月梦》。

没有能力买他的画，我心中想要的好似也是非卖品。

在去了无数次画展会场之后，下楼梯时碰到了老师，我又跟他再一起去看了一次，他以为我是第一次去，我也不讲。那时候，我学画第十个月了。

顾福生的个展之后，我们又恢复了上课。

我安然的跟着老师，以为这便是全部的生命了。有一日，在别的同学已经散了，我也在收拾画具的时候，老师突然说："再过十天我有远行，以后不能教你了！"什么，什么，他在说什么？

第一秒的反应就是闭住了自己，他再说什么要去巴黎的话，听上去好似遥远遥远的声音，我听不见。

我一句话都没有说，只是对他笑了一笑。

"将你介绍给韩湘宁①去学，他画得非常好，也肯收学生，要听话，我走了你去跟他，好吗？"

　　"不好！"我轻轻的答。

　　"先不要急，想一想，大后天你来最后一次，我给你韩湘宁的地址和电话——"

　　那天老师破例陪我一直走到巷口，要给我找车，我跟他说，还不要回家，我想先走一段路。

　　这长长的路，终于是一个人走了。

　　一盏盏亮起来的街灯的后面，什么都仍是朦胧，只有我自己的足音，单单调调的回响在好似已经真空的宇宙里。那艘叫做什么"越南号"的大轮船，飘走了当年的我——那个居住在一颗小小的行星上的我，曾经视为珍宝的唯一的玫瑰。

　　他是这样远走的，受恩的人，没有说出一句感谢的话。

　　十年后的芝加哥，在密西根湖畔厉裂如刀的冬风里，我手中握着一个地址，一个电话号码，也有一个约定的时间，将去看一个当年改变了我生命的人。

　　是下午从两百里路外赶去的，订了旅馆，预备见到了他，次日清晨再坐火车回大学城去。

　　我在密西根大道上看橱窗，卷在皮大衣里发抖，我来来回回的走，眼看约定的时间一分一秒在自己冻僵的步子下踩掉。

　　在那满城辉煌的灯火里，我知道，只要挥手叫一辆街车，必有一扇门为我打开。

　　见了面说些什么？我的语言、我的声音在那一刻都已丧失。那个自卑的少年如旧，对她最看重的人，没有成绩可以交代，两手空空。

　　约定的时间过了，我回到旅馆的房间里，黑暗的窗外，"花花公子俱

---

　　①韩湘宁：1939年出生于四川重庆，祖籍湖南湘潭。台湾地区现代艺术的重要画家之一。曾是"五月画会"的一员。

乐部"的霓虹灯兀自闪烁着一个大都会寂寞冷淡的夜。

那时候，在深夜里，雪，静静的飘落下来。

第一次不敢去画室时被我撕碎的那一枕棉絮，是窗外十年后无声的雪花。

那个漫天飞雪的一九七一年啊！

我们走出了房子，经过庭院，向大门外走去。

一个大眼睛的小女孩穿着冰鞋跌跌撞撞的滑着。"这是八妹的孩子。"顾福生说。

望着那双冰鞋，心中什么地方被一种温柔拂过，我向也在凝望我的孩子眨眨眼睛，送给她一个微笑。

"画展时再见！"我向顾福生说。

"你的书——"

"没有写什么，还是不要看吧！"

"我送你去喊车——"

"不用了，我想走一走——"

也是黄昏，我走在高楼大厦车水马龙的街上，热热暖暖的风吹拂过我的旧长裙，我没有喊车，慢慢的走了下去。

这是一九八一年九月三日。

作者简介

三毛（1943—1991），原名陈懋平，又名陈平，英文名Echo，三毛是她后期的笔名。生于重庆黄角桠，祖籍浙江定海。著名作家。台湾中国文化大学哲学系肄业，曾留学欧洲。

主要著作有《倾城》《温柔的夜》《哭泣的骆驼》《梦里花落知多少》《雨季不再来》《撒哈拉的故事》《送你一匹马》《背影》《万水千山走遍》《稻草人手记》《随想》《我的快乐天堂》《高原的百合花》《亲爱的三毛》，剧本《滚滚红尘》，译作《刹那时光》《兰屿之歌》《清泉故事》等。

编辑缀语

三毛初中时因受无聊可恶的数学老师惩罚，自闭了数年，为了帮助她走出阴影，父母用尽心思，送她学插花、师从名师绘画都没有奏效。而正是跟随顾福生学画，才使三毛走出了重重心障。也是顾福生第一个引导三毛走向写作之路，为她打开了一个崭新的世界。随着三毛的细腻笔触，我们仿佛也变成了害羞又自闭的少女，同作者一起经历了初见老师的"惊心动魄"。这颗悸动的心，每走出一步，都令我们心跳不已。三毛最终仍是以自杀终结了她的生命，留给大家无限的遗憾。或许她一生都没有走出自己心灵的枷锁，但我们仍然感激这么一位特别的老师，没有当时的顾福生老师，三毛的人生恐怕很难呈现得如此精彩。

翁先生仍默默地噙着他的大烟斗。

在他那残破而昏暗的室内，

时间在无言中流逝。

黯淡的光线映着他的脸，

我觉得那脸上现出了一种坚毅。

无愧的暮年

——写在翁独健①师逝后

张承志

前两年，元史界和北方民族史界的同行们曾筹划为南京大学教授、我国元史研究会会长韩儒林②先生纪念八十寿辰，出版一本元史蒙古史论文集。但工作正在进行之中，韩先生却溘然辞世，旨在庆贺的论文集变成了追悼论文集。

1983年，我们又筹备为纪念翁独健先生诞辰八十周年、从事学术活动五十周年编辑一本论文集，可是历史又重演了——翁先生竟也在

---

①翁独健（1906—1986），原名翁贤华，福建省福清县人。史学家、教育家。曾任燕京大学代理校长、中央民族学院历史系主任、中国蒙古史学会理事长等。著有《元田制考》《元代政府统治各教僧侣官司和法律考》《爱薛传研究》《蒙古时代的法典编纂》等。

②韩儒林（1903—1983），河南舞阳人。历史学家。曾任南京大学教授、历史系主任，内蒙古大学教授、副校长，元史研究会第一届会长。著有《穹庐集》《韩儒林文集》，主编《元朝史》等。

酷暑之际，不留一言，突然弃我们而去，使我们又只能出版一本追悼论文集了！

至少我感到，大树倒了。一个值得注意的时代，一个失去长者的时代已经在悄悄地开始。在长者逝去以后，我不愿让自己的文字因规循俗而乖巧、而奉承，也不愿在恩师故世之际喋喋嚅嚅作孝子态，我宁愿继续在先生的灵前照旧童言无忌，以求获得我受业于他的最后一课。

翁先生是一位学者，但他作为学者的一生也许是悲剧。我认识的翁先生是一位老人，他作为一位老人却拥有着无愧的暮年。

翁先生个人的著述很少。除了他在哈佛留学期间用英文发表的《元史〈爱薛传〉研究》（一本研究元代中国与欧洲关系的著作）之外，论文很少。其中最重要的《元典章译语集释》（燕京学报三十，1946），仅作了几个词条，显然是一件未完之作。翁先生的论文几乎都发表于四十年代末期，那以后，先是繁重的教育工作，再是繁重的学术组织工作——吞没了他的精力和健康，也吞没了他作为一位学者应有的著作。

在他生命的最后七八年间，我总感到：他似乎下定决心不再著述。

从1978年我考上他的研究生以来，我和同学们不知多少次表示愿做助手，愿为先生留下一本传世之作竭尽全力。但他总是微微地摇摇头，默默地吸着他著名的烟斗。他那神态使我内心感到一种震惊，我觉得他似乎看透了一切：包括我们的热心，包括学术著作本身。

我觉得他的那种神态平衡着我的年轻好胜的冲动。但我毕竟是我，1983年我在日本东洋文库进行中北亚历史研究时，我曾向一些极著名的日本教授谈到翁先生是我的导师。但他们的问话使我终生难忘。他们说："哦，是吗？我怎么不知道您的老师，他有什么著作？"

我觉得自尊心受了重重的伤害。著作，著

翁独健

作就是一切！我简直是在咬牙切齿地这样想着、写着。

但翁先生仍默默地噙着他的大烟斗。在他那残破而昏暗的室内，时间在无言中流逝。黯淡的光线映着他的脸，我觉得那脸上现出了一种坚毅。

惜墨真的胜于惜金。

先生不著作。

然而，在他殚精竭虑的领导下，中华书局点校本《元史》已经饮誉海内外。伊儿汗——波斯史料《世界征服者史》和《史集》的汉译本已在我国出版。内蒙古学者对元代另一巨著《元典章》元刊本的点校已经开始。基本史料整理，骨干队伍建设，都已初现规模。翁先生一贯坚持的思想已经在我国蒙元史研究界日益清晰地成为现实。但上述这些本不该由我来写，我知道在这些学业大计的背后，有多少学者在感怀着他们与翁先生之间的故事。那些故事使人们在漫长而枯寂的劳累中，体会到了一种纯净和崇高。

翁先生家门大开，不拒三教九流之客。

我曾经陪着翁先生和外国学者谈话。他握着烟斗，用英语和他们慢声闲谈，但只要听到书名和论文的题目，他马上打断谈话，当场要求把那名字写在纸上，然后仔细问清内容。这时他的小外孙女领着一个同学进来了，她们大概刚上初中，做不出一道英文作业题。翁先生抽出他数不清的辞典中的一本，他给那两个小孩讲解时的神情和主持学术会议完全一样。小姑娘走了，我看见翁先生脸上有一丝快意，也看见外宾脸上浮着惊讶的神色。

翁先生晚年慎于署名著述的态度近于神秘。

无论是我们同学，或是学术界一些同志，往往在自己的论文末尾注明"在翁独健先生指导下"之类的话。这并非恭维，因为翁先生确实细致地关心着他指导的每篇文章，但翁先生一视同仁，一律提笔划掉那句话——他划掉那句话时的那神态简直使人无法理解。

196

但是，在告别遗体时，当我看到数不尽的学者、青年、前地下党员、工人都在恸哭，为一位哈佛大学博士、燕京大学代理校长、中国蒙古史学会理事长、联合国教科文组织中亚文化研究协会副主席失声恸哭时，我突然想：

——作品真的就是一切么？

也许，有的青年在他人生途中需要一位导师。常常是，有幸遭逢的一席话甚至一句话就能推动人生的一次飞跃，"导师"的意义就在于此。

我在翁先生面前肆无忌惮。我激烈地咒天怨地，我发泄地攻击批评，我发现了一条新史料欣喜若狂絮絮不休。我写作时需要去找翁先生说个痛快才能继续。翁先生总是端着他的大烟斗，心平气和地听着，即使插上几句也全是商量口吻。我特别兴奋的一次是在《文史》上发表了关于天山硇砂①的文章之后，那次我对先生说，不管怎样我总算搞出了一篇肯定是正确的文章，因为我利用的不只是史料而且利用了地质资料馆的"物证"。翁先生听着，不加评价，表情也很淡然，但是后来，我胡扯中说了一句：

"日本有个古代雅利安博物馆——"

翁先生问："什么？"

我愚蠢地又说："古代'窝、利、安、特'博物馆。古代雅利安——"

翁先生怀疑地望望我。他指指书架说："那本字典。"

翁先生用他那本我也有的《日语外来语辞典》查了我那个"窝利安特雅利安"——

Orient，东方。

我挨了整整一个小时训斥。翁先生在那一小时里的严厉、厌恶、忿忿不满的神情至今像是还在剥着我的皮肉。后来，有时我听见文学界一

①硇砂：氯化物类卤砂族矿物卤砂的晶体或人工制成品。可入药。

些朋友嘴里挂着"感觉""特棒""文化学"等等词儿时，我喜欢抬上一杠：

"哪儿棒啦？什么文化？我怎么不懂呀！"

这种抬杠源于那一小时，我已经感到这种抬杠（当然更多是默不做声的）使我受益匪浅。

在学问上，我是翁先生的不肖之徒。记得1979年初，我终于没有瞒住，而让翁先生读了我的第一篇小说以后，我使劲解释说，写着玩儿的，休息时写的，我不会耽误功课，而翁先生沉吟了一下，说道：

"你会成为个作家。"

他的口气中没有一丝不同意。我觉得他这个人没有一丝干涉学生、干涉别人的选择的习惯。他只是平静地发表了一下他对我观察的见解而已。

1985年年底，我鼓足勇气请求翁先生为我的小说集《北方的河》题写书名。我没有表白我鼓足勇气的原因，没有说一句我对这本集子的自负、珍惜和我盼望能和先生之间留下一点纪念的心情。

翁先生已经捉不牢手里的笔。在他那间永远昏暗的阴冷的屋里，我看见这白发苍苍、生命已届迟暮的老人颤抖着，用硬重的笔触为我写下了"北方的河"这四个年轻的字。

他看不到这本书了。

翁先生在暮年下定决心不著述，这于我是一个深奥的谜。我因为不能悟透这个谜，所以总觉得作品重于一切。但有时我又觉得这里的矛盾并不存在，我们师生其实是在完成着同一个过程，更古怪的是，我虽然年龄尚小却禁不住地总在思想暮年，也许是先生的暮年给我的印象太深了。

是的，生命易老，人终有暮，更重要的应该是暮年的无愧。学术会被后代刷新，著作会被历史淹没，不是所有学者教授都能受到那样的敬重，也不是所有白纸黑字都能受到那样的敬重的。这是一种现世思想呢？还是一种来世思想？——我不知道。

我只知道，能有一个像翁先生那样的暮年，是件很难的事，也是件辉煌的事。

在听到翁独健先生逝世噩耗的那一夜，我觉得我该做点功课纪念自己的导师。我打算写一篇严谨扎实的蒙古史论文，但写成的却又是一篇小说。我写了我国蒙古族牧人活动的最西极边境——伊犁的一个名叫波马的地方的日落景象，然后填上了一个题目：《辉煌的波马》。

我相信，先生是会原谅我的。

作者简介

张承志，1948年生于北京，原籍山东省济南市。当代著名作家。北京大学历史系毕业。1978年成为中国社会科学院研究生院翁独健的研究生。现为自由职业作家。

有长篇小说《心灵史》《金牧场》，中篇小说《北方的河》《黑骏马》《黄泥小屋》，散文随笔《荒芜英雄路》《清洁的精神》《牧人笔记》《以笔为旗》《相约来世:心的新疆》等。

编辑缀语

　　在曾经的燕园那幅"只眼观天下，独脚跳龙门"的名联，还在为大家津津乐道时，才华出众的翁独健是以怎样的豪迈给自己起了"独健"这个名字呢？在他学术的黄金时代，专力于蒙元史研究，发表的那些论文享誉内外，见证了他作为一个学者的独特视角和功底。由于历史的原因，繁重的教育工作吞没了他的时间，耗损了他的健康，也注定了他作为学者的看似"悲剧"的人生。先生的晚年，对待署名都是近乎苛刻的，划掉学生论文末尾"在翁独健先生指导下"之类的话，是令人费解的。他仿佛总是在那间永远昏暗的阴冷的屋里，默默地噙着大烟斗，任时间在无言中流失。他似乎下定决心不再著述了，他的坚毅不止在脸上，更在心里。在翁先生，必定有我们常人无法理解的痛，有我们无法企及的境界，这样的先生，怎能不孤寂呢……

图书在版编目（CIP）数据

默默桃李恩：名人心中的老师 / 彭学杰编选.
—北京：农村读物出版社，2018.10
ISBN 978-7-5048-5776-7

Ⅰ．①默…　Ⅱ．①彭…　Ⅲ．①教师－生平事迹－世界
Ⅳ．①K815.46

中国版本图书馆CIP数据核字（2017）第271575号

责任编辑	马春辉
出　　版	农村读物出版社（北京市朝阳区麦子店街18号楼　100125）
发　　行	新华书店北京发行所
印　　刷	北京中兴印刷有限公司
开　　本	700mm×1000mm　1/16
印　　张	13
字　　数	258千
版　　次	2018年10月第1版　2018年10月北京第1次印刷
定　　价	30.00元

(凡本版图书出现印刷、装订错误，请向出版社发行部调换)